# 子育てに成功するお母さん失敗するお母さん

アカデミアキッズ主宰
百瀬育美
*Ikumi Momose*

文芸社

# 子育てに成功するお母さん　失敗するお母さん／もくじ

## 第一章　私が原因⁉

## 第二章　成功に向かってレッツトライ

## 第三章　家族の健康を守るために



## 第四章　働く母は忙しい

## 第五章　肝っ玉母さんになれた幸せ

# 第一章　私が原因⁉

# 気づくまで

「お母さん、お腹が痛い……」

息子の蚊の鳴くような弱々しい切ない声が、彼のベッドの中から聞こえてくる。

「ああ！　今日も学校へ行きたくないのかー」朝から、ため息とともに全身に倦怠感が走る。小学二年生になった長男はこの何カ月間か、毎朝このような状態が続いている。なだめすかしてみても、怒ってみても、ベッドの中の彼は動こうともしない。今日も最悪の一日のはじまりだ。

朝食だけは何とか食べさせ、食器のあとかたづけや掃除はいつものごとく後回しにし、洗濯機に無造作に洗濯物を投げ込んで、朝一番にかかりつけの医師のところに飛んでいく。

理由のわかっている医師は、またかと苦笑いをし、「単なる風邪だよ。大丈夫、学校を休むほどじゃないから、行っておいで」。その一言で彼はようやく納得し、しかし、重い足取りでとぼとぼ歩いて学校に行く。

三十代半ばのこと。ずっと長い暗いトンネルの中から脱出できないでいた。結婚し、この時、長女は小学六年生、二女は三歳の子育て、一番手のかかる頃だ。夜遅くまでつづく自営業という、時間に制限のない仕事をしている上に、いくらでもある家事に追われ忙しい。「どうしてこんなに大変なのだろう。どうして思うようにいかないのだろう」といつも心の中で叫んでいた。

唯一の望みは、「ゆっくり寝てみたい」、ただそれだけ。子どもたちには振り回されっぱなしで、やれ風邪を引いたの、学校の忘れ物をしたの、友達にいじめられるのと、本当に神経の疲れる毎日だ。

二十四時間いつでもなにかに脅迫されているような状態が続くと、神経が過敏に反応し、心が疲れてしまうのだろうか。なかなかひとつのことに集中できない。責任のある仕事の最中でも、子どものことがいつでも頭から離れず、単純なケアレスミスが増える。すると、今度は仕事の出来の悪さに落ちこんでしまい、自己嫌悪の淵からなかなか這い上がれない。

とにかく座る暇などまったくなく、雑用におわれ、一日中動きっぱなしでクタクタ。立っていても睡魔に襲われてしまう。夜、疲れきった体を布団に横たえても、神経だけが別の世界にいるようでピリピリしている。隣に寝ている子どもが咳でもしようものならパチッと目が覚め、また風邪でも引かせてしまったのかと心配でそのあとは眠れない。ぐっすり眠れたという日はなかっただろう。朝からぼうっとしていて、一日中ふらふら。こんな状況の中では当然のこと、いいことなどひとつも考えられない。

いつも中途半端なことしかできないなかで、やっとの思いで毎日を過ごしていた。新聞紙上を騒がす親殺し・子殺し、非行の問題。なんとなくわかる気がする。青少年の自殺だって無理もない話に思える。いずれ近いうちに我が家にもそんな問題が起きるのかもしれない。心に余裕のない毎日の中で、そんな否定的な考えのみが頭の中に充満していた。

いつだって能面のように、無表情な私。このところ何かに感動した覚えもない。

無関心の自分がいる。いつから笑顔を忘れてしまったのだろうか。いつから文句しか言わなくなってしまったのだろうか。

ひょっとして私が原因なのだろうか。今のこの最悪の状態は、私の心が疲れきっているせいなのかもしれない。我が家の問題児は、夫や三人の子どもたちではなく、もしかしてこの私自身？

愚痴しか言わない私。肩が凝っているの、腰が痛いのと不調ばかり訴えている私。物事をなんでも否定的にしかとらえることのできない私。今までずっと、子どものせい、夫のせい、社会のせいと、誰かに責任転嫁し続けてきた。

私だ。私が原因だ！　子どものやる気のなさも、毎日のような病院通いも、不登校も、すべてこの私がつくりだしていたのだ。

どうして今までこんなに簡単なことがわからなかったのだろう。私が前向きになること、元気になること、健康になること。とにかく、私という人間を根本的にたたき直すこと。プラスの考え方に変えなければならない。

次々と問題の出てくる生活はもう十分に味わった。今までの否定的な考え方にリセットボタンを押して、楽しい、明るい笑顔のあふれる家庭をつくり直そう。きっと、このどんよりとした雨空状態から抜け出すことができるはず。

そう、母親は輝ける太陽でなければいけない。私にはそうすべき義務と責任がある。それに、たった一度の人生だもの、ラッキーな運がどんどんやってくるような素敵な毎日にしなければ、もったいない!

私はそのとき「肝っ玉母さんになるぞ。必ずできる」と心の中で誓った。そう決めただけで、家の中の風向きがさわやかに変わってくる気がする。いい方向に流れていきそう。「そうよ、これからよ。十分間に合う、大丈夫!」とはっきりと言い切れる自分がとてもうれしかった。

## リセットボタンを押してはみたけれど

自分を変えると決意すると、物事を冷静に見られるようになってきた。とはいっても、息子の「お母さん、お腹が痛いよ。学校休みたい。病院につれてって」は相変わらずだし、長女の「〇〇ちゃんは私を仲間はずれにするの」という訴えはエンドレステープのよう。兄弟喧嘩《げんか》に巻き込まれ、下の娘がピーピー泣くのも毎度のことだ。

誰も洗う人がいない昨夜からの食器は、山のように積まれたままだし、お天道様が真上にあるというのに、洗濯機はまだカラカラと回っている。これでは今日中に乾かないだろう。

こういう悲惨な状態に陥ると、もうどこから手をつけたらいいのか皆目わからず、お手上げだ。そして、ほんの些細なことから夫とのけんかがはじまり、子どもたちを感情剥き出しで叱りつけ、いとも簡単に以前の私に戻ってしまう。

変わろうと決意したにもかかわらず、すぐに前の状態に戻ってしまうとは、私の意識はなんて脆いものなのだろう。何度同じ失敗を繰り返せば気がすむの？　全く学習能力がないとはこのことだ。とにかく私、この私が変わらないことには、我が家はうまくいかないのだ。「私が変わらなければ、私が変わらなければ」との焦りが、かえっていらいらを増幅させた。

いつもの戦争は、いつものごとく涙の終結を迎えた。子どもたちは泣き疲れて眠り、夫は無言のまま新聞を読んでいる。気まずい雰囲気が漂う。家庭の中が面白くなく、誰もがもう疲れきっていた。

ここで何か行動を起こさなかったら、大切な家族の未来や自分の一生がメチャメチャになってしまう気がした。どの方法が一番いいかなどと、ゆっくり吟味している時間の余裕はなかった。一分でも一秒でも早く自分をプラス思考に変えて、この沈んだ状態から抜けだし、明るい家庭を取り戻したい。心の中で「私を変える」というリセットボタンを押したのだから、とにかくよくなるといわれることは何でもやってみなければ。

## 進歩があった！

自己改革をしたい、自己改造をしたい、と毎日痛切に思っているけれど、やはり時間に急かされ、子どもに追われ、何をすればいいのかと焦るばかりで時間がどんどん過ぎていく。

ある朝、洗面所に行き、洗顔のあと久しぶりに鏡を見た。目の前に能面のような無愛想な女がいる。「かわいくない女……」思わず鏡に向かってつぶやいた。こんなに時間をかけて、鏡の中の自分と対面したのは何年ぶりのことだろうか。あまりの醜さに、思わず「あなた誰？」と聞きたくなる。

独身の頃は、どうやったらよりキレイになれるのか、毎日鏡の前に座り込んではああだこうだと自分の顔をいじくっていた。それなのに、いつの頃からか、あれだけ好きだった鏡を見るという行為を拒絶していた。鬼のようなきつい顔つきの自分がわかっていたのか、落ち込んでいる自分を認めたくなかったのか。

今度は姿見に全身を映してみる。鏡の中には、実年齢よりだいぶ老けた女がいる。天真爛漫、無邪気そのもの、明るいだけが取り柄だった頃の私はどこにもうかがえない。呆然としている私をあざ笑うように、鏡の中の女はこれでもかと醜態を見せつけてくれる。こんな女に毎日文句たらたら、いやみばかり浴びせられていたら、夫や子どもたちは耐えられないだろう。私のことを嫌ったとしても仕方がない。

私は見てはいけないものを見てしまったようなバツの悪さを感じ、思わず目を伏せた。けれど、鏡の中にいるのは間違いなく私。女ざかりの三十代という若さなのに、「いつから、こんなに老けてしまったのだろう」

鏡に向かって無理やり笑顔をつくってみる。引きつったぎこちない顔を見て、なんだかおかしくなる。でも、「笑顔のあなたって、なかなか素敵」、そう何度も何度も鏡の中の自分に言い聞かせた。

自己啓発の本の中に、鏡の自分に笑顔をというのがあった。そうだ、やってみようと思い、その日、家中の鏡、窓ガラスをピカピカに磨いた。さわやかな春の風がカーテンを揺らす。ピカピカの窓ガラスに太陽の光が反射して、虹の七色のように輝く。タンポポの黄色が目に痛い。近くの川のせせらぎ、木蓮の匂い。

毎日をこなしていくのに精いっぱいで、四季の訪れを楽しむ余裕もなかったが、久しぶりに自然のすばらしさの中に、自分の存在、大切な自分という感覚を見つけたような気がした。すると、カチカチに固まっていた体から力が抜ける。息苦しかった呼吸が楽になる。

そうして自分を変えようと努力しはじめている母親の心の状態が、家族にも伝わったのだろうか、この至《いた》らない母親に「がんばってー」と温かな手を差し伸べてくれているのもわかってきた。

これからは、自分が納得のいく毎日を送るための方法を探していこう。私が幸せならば、家族全員ハッピーになれるに違いない。「私の人生大満足！」と胸を張って言える生き方をしたい。ワクワクするような新鮮な気持ちが湧き上がってきて、鏡の中の私に「大丈夫、あなたなら絶対できる。これからが勝負よ」と大きな拍手とエールを送った。

## 運との出会い

若者たちが人気歌手にあこがれるように、私にも、同世代の女として、同じ母親として「あんな人になりたい」といつも羨望のまなざしで見ている女性がいる。

バリバリのワーキングウーマンで、大きな子どもがいるとは思えないほど若々しい。赤いスポーツカーでさっそうと風を切り、洗練された都会的なスタイルは、この田舎の中でとくに目を引く。また、彼女は周りにプラスのオーラを振りまいて歩く。彼女のいるところには、いつも人が集まり、活気にあふれている。

彼女の容姿や仕事ぶりもさることながら、子どもたちの出来のよさも噂の的。どの子も生徒会の役員を引き受けてくるし、学校の成績はいつでもトップをたもっているようだ。運動神経も抜群で、運動会ではいつでもリレーの花形。スタイルや顔立ちも、芸能界で通用するぐらいかっこいい。肝心の性格はというと、どの子もおっとりしていて、いつでも笑顔があふれているのだ。

彼女とくらべて、私の生活の悲惨なこと。我が子のなんと情けないこと。彼女は人生の成功者、子育ての成功者として華々しく結果を出しているのに、どこがどう違って、こんなに差が出てくるのだろう。彼女の明るい元気な姿を、「私にはまったく関係のない世界の人」といった冷ややかな目で遠くから眺めつつも、「どうしたらこんなに文句のつけどころのない子どもたちが育つのだろう」といつもうらやましく感じていた。

ひょっとして子育て成功のノウハウを知っているのかもしれない。彼女と知り合いになれば、いいヒントを教えてもらえるかもしれない。長い間、彼女のノウハウを知りたくてうずうずしていたけれど、自分の失態を知られるのが恥ずかしいし、子どもたちの不出来を知られたら自分が惨めになりそうだし、子育ての間違いも指摘されそうで、ただ遠くから彼女の姿を眺めるだけだった。

そんな私の切なる願いが届いたのか、ある日偶然にも彼女と話をするチャンスが訪れた。

「お子さんたち、どの子も優秀でうらやましいですね」という私の言葉に、

「ええ、おかげさまで。どの子も私のイメージどおりの子どもたちに育ってくれたのですよ」と、にこやかな笑顔と答えが返ってきた。

「え、イメージ？　それってどういうことかしら？」

「ええ、いつも子どもたちが思いどおりに育っているイメージ、つまりよい想像のことね。それを私の大切な潜在意識の中に入れてあるの。私も責任のある仕事をもっているし、家にいる時間も限られているので、彼らと関わっている時間は少ないけれど、彼らのベストの状態をいつでも心に描いているので、それが彼らに通じるのでしょうね。いつでもうれしい結果をもってきてくれるの」そして、

「子どもたちの将来に、大きな目標や夢を描いていて、いつでもそうなった姿を思い続けていると、無意識の世界に思いが伝わり、必ず実現するのよ。私も初めはそんな夢みたいなことあるはずはないと思っていたけれど、忙しい母親ができることって彼らのいい状態をいつでも思ってあげることしかないとわかったから、これだと思って続けてきたの。つまり運動選手がよくやっているイメージトレーニングっ

てことかしら。それと、あなたが自分に自信をもったり、自分のことが好きであれば、必ずいい結果が現れてくると思うけれど」

「……」

耳慣れない言葉の数々が、彼女の口から出てくる。どこそこの塾に通わせているとか、こんなしつけを実践してきたとか、こうすれば必ず結果が出るというようなハウツーものの答えが返ってくることを予想していたので、この訳のわからない答えに返す言葉もなかった。

## イメージってなに？

イメージトレーニングって、具体的にはどうすればいいんだろう？

潜在意識、自分を好きになる、どれをとっても私には未知の世界の話。子どもたちが生まれてこの方、毎日のあわただしさや、時間に追われる生活に疲れ果て、やっとの思いで産んだ宝物の子どもたちに、夢や希望、目標を持って育てるなんて全く考えもせず子育てをしてきた。

でも、すでに結果を出している彼女の言葉からすると、子どもの将来も、彼らのすばらしい成績も、自分の仕事の成功も、また、夫とのよい人間関係も、結果オーライか否かは心にある思考の違いだけってこと？　大きな夢や目標をもち、未来に向かって前進しているプラス思考の人には明るい将来やラッキーな結果が約束されているし、人生に悲観的な人には前途多難で解決しがたい問題が次から次へと生じてくるということだろうか。毎日の思考の差って、人生にこんなにも大きな影響があるのだろうか。

なるほど。この長い暗いトンネルの中から脱出する術は、大きな目標・潜在意識・イメージトレーニングといったキーワードにありそう。人生を自分の納得のいくものにするには、自分の心の中にいいイメージの種を植えつけ、その種を上手に育てていけばよいのか。とにかくこの未知の世界の勉強をしてみよう。

女の力量は、家族の健康、夫や子どもの成功で評価されることもある。何十年か先、「どう。すごいでしょ！　これが私が手塩にかけて育て上げた子どもたちよ」と惚れ惚れと彼らを眺めてみたい。子どもたちからは「お母さんから生まれてよかった」、夫からは「お前が妻でよかった」と言われたら、どんなにうれしいだろう。それに、私だって大きく社会に羽ばたきたい。彼女の言う「潜在意識」とやらを自分の見方にして、満足な人生を送り、皆から「どうしたらそんなにうまくいくの？教えて！　あなたのような生き方をしてみたい」との質問を受けるまでになってみたい。

とにかく方法はなんとなくわかってきた。遅すぎはしない、今からでも十分に間に合うはず。その日を出発点とし、私は自分をしっかり立て直すことを決意した。

## 自分で自分を好きになる

他人を変えるより自分を変えるほうが楽だとわかってから、さあどのような方法が一番いいのかと、自己啓発の本を読みあさってみた。

ところが、男性が仕事で成功する方法とか、若い独身女性たちが素敵な男性をゲットするにはといった本はいくらでもあるが、毎日の雑務におわれ、へとへとに疲れている母親へのハウツー本は見当たらない。私の欲しいものは金でも、地位でも、名誉でも、そして男でもない。子どもがよくなればいい。夫との人間関係が良くなればいい。そして私も一緒に成長したい。

あわよくば飛躍のチャンスもつかみたい。それには、この私が肯定的な思考に変わること。どうしたらこの悩みを解決する方法を見つけ出すことができるのだろうか。

焦点を絞って考えていると答えは出てくるものだ。ふと、自分嫌いが一番の原因ではないかと思えた。事実そのとおりかもしれない。自分のことがとても嫌いだから、周りの人にもやさしくなれないのだ。そこで、「私は自分が大嫌い」という言葉を、「私は自分が好き」という言葉に置き換えてみたら、どんな結果が出てくるだろうと、半信半疑ながらも実行に移してみることにした。

夜、歯を磨きながら鏡に向かって「私は自分のことが大好きです」と言ってみる。そして翌朝、起きるとすぐに鏡に向かって「私は私が大好きです。ありがとう」と言ってみた。すると、今までと違って、肩から力が抜けてきて、「そんなにがんばらなくても大丈夫」と誰かが遠くでささやいてくれているような気がする。

育児疲れでいつもイライラしている自分を「ダメな人間」「母親失格」と卑下していた。消化不良のジレンマの中で、いつの頃からか「女は損」「もっとがんばらなければ」という思いばかりが強くなっていた。そして、がんばりすぎて、必死になりすぎて、疲れきって、自分の心と健康を失い、自分の存在が嫌いになっている。一生懸命に自分で悪循環を招いてきたようだ。

毎日歯磨きをするように気楽な気持ちで、「私は私が大好き」と言ってみるのを習慣にした。何日も何日もそうしているうちに、自分のことが嫌いという固定観念が、一枚一枚薄皮を剝がすように消えていくのがわかる。いつも背中に重石が載っかっているような体のこわばりがほぐれてゆく。さらに大丈夫という気持ちが心の奥底からわきあがってきたのには、驚いた。

「私を好きになる」という毎日の作業を淡々と続ける。切なる思いが潜在意識まで届いたのであろうか、今までのマイナス思考がすべての元凶であったことに気づかされた。くよくよしながら生きていくよりも、力を抜いて、もっと気楽に生きていったほうが、家族のためにも、自分のためにもなる。「ケ・セラ・セラ！」、何とかなるさの気持ちのほうが、これから先、大きな成果を得られそうな、そんな気もしてきた。

少しずつ、些細なことは気にならない大らかな性格に変わってきているのは素晴らしいことだ。これは本当にうれしい変化だった。自信というものは、自分でつくりだすものだったのだ。この驚くべき変化は、まるで連鎖反応を起こしているかのように、家族の行動を変えていった。

不登校予備軍だった息子は、朝、勢いよく学校に飛びだしていく。「宿題は？」という質問には、「もう学校でやってきた！」。二人の娘たちも毎日が充実しているようで、笑顔が絶えない。病院通いも減ってきた。

とにかく鏡との朝晩の対話は、私にとって救いの神、絶大な効果があった。母親にプラス思考が身につきはじめたおかげで、物事が円満に収まるようになりはじめていた。この満足な成果により、自分を変えていく方法は確実にあることを知った。これはしっかり勉強する価値がありそうだ。さらによくなる方法を探していこうと再び決心した。

両親の温かい愛情の下、何の苦労もなく育った私は、箸より重いものは持ったこともないというわがまま娘で、そのまま結婚し、世の荒波の中に船を漕ぎ出した。そして、自分の体力も力量も考えず、三人の子持ちになり、思うように育っていかない子育ての大変さや辛さを身にしみて知った。

また、商家の生まれで、母親が座る暇なく働いているのを見て育ってきたためか、女性が仕事を持つことは当然という気持ちも潜在意識の中にはあったのだろう。三人の子育てをしながら仕事をすることは、いろいろな面で無理があるにもかかわらず、仕事をやめることはまったく考えもしなかった。もともと体力がないのだから、がんばりすぎるとつぶれるかもしれないことはわかっていたはずなのに、浅はかというか、身のほど知らずだった。

心は氷山のようだというたとえがある。水面から出ている部分は顕在意識。水面下に沈んでいる部分が、私たちの人生に大きな影響を与えている潜在意識。その沈んでいる潜在意識にプラスの要因が多ければこれから先も、運のいい、チャンスあふれる一生が保証されているし、マイナスの要因が多いと、思いどおりにいかない。運が悪い、健康もお金も心配といったプログラムがインプットされていくという。

私をよい方向に変えていくことが先決問題と、とにかく自分を好きになろうと努力しはじめると、心の中から自己改革のホルモンが湧きはじめた。そして、私の体の中を駆け巡るようになった。そのよいホルモンは、自分の思いどおりにならないことはすべて誰かのせいにする「責任転嫁」の常習犯である私に思いっきり一喝《いっかつ》してくれた。「自分のことは自分で責任をとりなさい」という人間の基本姿勢と、生きていく力をしっかりとたたき込んでくれた。自分の成長を肌で感じることができる。これは本当にうれしいことだ。

生来、根が単純なのか、思い込みの強い、あきらめの悪い性格ゆえに、興味の対象が見つかればとことん追求するし、成果が見えるまで徹底的にのめり込んでしまう性格である。今思えば周囲はさぞ迷惑なこともあっただろう。

これってなんだろう？　のぞいてみるのも面白いと、まるで天からの啓示のように、自分の直感を信じ、次から次へとよくなるためのいろいろな方法にトライしてみる。なにせ今まで無知でありすぎたことに憤りさえ感じるし、子どもや夫への大変失礼な態度にもよくこれまで我慢してくれたものだと謝りたい気持ちになる。自分がハナタレ小僧のまま成長を止め、そのまま生きてきたことが、とてもとても恥ずかしい。こんな無知のまま年をとっていくなんてとても悔しい。

潜在意識にインプットされているマイナスの想念は、頑固に刻み込まれていて、少しでも「まっ、こんなものか」「これくらいでいいや」と油断しようものなら、あっという間に以前のカビだらけの否定的思考に戻ってしまうらしい。つまり汚れきっている心の掃除は、そんなに簡単に終わらないということ。とにかく高い代償をイヤというほど支払ってきたのだから、これまでの失敗は二度とするものか！

## 長所を書きだしてみる

1　明るい性格である
2　実行力がある
3　料理は上手なほうに入る
4　家族のことを大切に思っている
5　努力家である

自分の欠点を述べよ、という設問ならば、簡単に二十項目ぐらい出てくるけれど、長所となると「うーん」となり、これ以上なかなか浮かんでこない。私にも長所というものがあるのだろうか、何が長所と言えるのだろう。切ないことに、この5つくらいしか浮かんでこないという現実を目の当たりにすると、「いったい自分ってどういう人?」と考え込んでしまう。これは自分自身がストレスだらけ、ため息、フラストレーションといった汚い水の中にどっぷり漬かり込んでいるという、全くもって不健康な心理状態を見事に表しているのだろう。

息子の長所も書いてみる。

・食欲旺盛である
・料理が好きである

なぜ、嘘でもいいから、過大評価でもいいから、かわいいとかハンサムとか、友達がたくさんいて楽しい学校生活をすごしている、などと書けないのだろう。食べることだけしか書けないなんて、一体どんな態度で彼を育ててきたのか。

これは、「お母さん！　あなたの心の中には息子に対してたくさんマイナスの考えが渦巻いているよ。それが息子の将来の姿をダメにしている大きな原因。これでは息子さんがかわいそう」と、まるで私の心の中をすべて見透かされているかのようだ。彼に一番影響を与えている母親の心の奥底には、彼のマイナスのプログラムしか刷り込まれていない。これでは彼の限りない未来も、お先真っ暗ではないか。もう慣慨ばかりしていられない。とにかく心の中にある否定のプログラムをすべて消して、限りなく大きなプラスのイメージを自分の中につくり直そう。

## 潜在意識を変える方法

家族全員が、運がよくて、健康で、笑顔のあふれる家庭にしたい。その願望を達成するには、私の気持ちを全面的に改造して、どんな困難な場面になってもプラスに考えることができる、小さいことにくよくよしない肝っ玉母さんのような性格に変わることである。

そんなことはとっくにわかっている。しかし、幼い頃から何十年とかけて創りあげてきた私の性格は、少しの曖昧な決心や、思いつきや、数カ月の継続だけでは、やはり簡単には変わらない。

慌ただしい、騒々しい日々に身を置いていると、大切な決意や、やっと描けるようになってきたワクワクするような未来へのイメージも、どこか空の彼方へと消えていってしまう。何度「こんなことではいけない。よーし、がんばるぞ」と気持ちを新たにしても、突然のハプニングや小さなトラブルが発生したりすると、私の心はかき乱されてしまう。

子どもたちが眠りにつく頃、慌ただしい一日は終わり、ようやく自分の時間がもてる。興奮した神経を休ませるために、ワインの力を借り、その勢いで布団に入り、「ああ、明日も子どもと仕事に追われる日が待っている。明日も一日疲れるのだろうな」とマイナスの想像をしながら眠りについていた。これが長い間の習慣だった。

この悪習慣は、自分が悲劇のヒロインを演じているような、一種の自己哀憐を感じるようなもので、「ああ、疲れる一日だった」とため息をつくと、なんとなく自分の存在を確認するような、安心するような不思議なものだった。こんな習慣とは縁を切ろうと心に誓っても、夜になると誘惑に負け、なかなかやめられない。

しかし、マイナスの想念は貴重な睡眠を浅いものにし、その日の疲れを次の朝までしっかり引きずる。当然、翌朝はスムーズにははじまらない。きっと寝反省と寝酒が、私の体と心をさらにさらにマイナス思考に陥れ、その結果、チャンスをつかめない母親へと変えていったのだろう。

こんなことを繰り返していたら、否応なしに、前と同じネガティブな精神状態に戻ってしまう。とにかく、「なにがあっても必ずやりとげるぞ!」「私は絶対にプラス思考に変わるぞ!」という確固たる強い信念をもたないと、次から次へと出てくる困難な問題や抵抗に打ち勝つことはできないことがわかってきた。

とにかく寝る前に、心配や不安な気持ちを抱くのはやめようと決めた。いいことを考え、輝かしい未来を想像して休めば、翌朝の目覚めは爽快で、その日の行動もスムーズに流れていくのかもしれない。けれども、疲れきった体を布団の中に入れると、眠気のほうが先立ち、楽しい想像をする間もなく深い眠りに陥ってしまい、気がつくといつもどおりの疲れた朝を迎えている。全然進歩がないので、何かいいアイディアはないかと考え、レポート用紙に「輝ける未来の姿」を書き出し、眺めてみることにした。

・穏やかな笑顔あふれる家庭にする
・健康で、エネルギーのあふれる家族
・夫の収入は倍増し、いつも生活は安定している
・私はダイエットに成功してよいスタイルをキープする
・子どもは三人とも優秀で成績はいつでもトップである
・子どもは三人とも性格はおだやかでクラスの人気者

ところが書いてはみたものの、どの項目をとってみても、あまりにも現在の姿とかけ離れているのでこのように思うことは難しいし、そんな夢みたいな馬鹿げたことを考えても、今とまったく変わることはないのに……と心のどこかでネガティブな囁きが聞こえてくる。

とくに、悩みの種である小学二年の息子の欠点はすらすらと書けるのに、立派に成長した将来の姿など、切なくなるほど想像ができない。しかし、現在の姿をつく

りあげたのは母親であるこの私に間違いはない。がんばって息子の理想像も描いてみる。

・学校大好き人間である
・集中力・理解力は世界一になる
・テストはいつも百点である
・リーダーシップのとれる子である
・キムタクのようにハンサムである

彼は小さい頃から喘息もちだったこともあり、病院通いも頻繁で、親子ともども健康にいつも不安をいだいていた。それ故に、彼に大きな期待をかけて育ててこなかったし、彼の将来に希望や願望を持って、かえって負担に感じたらかわいそう、と自分勝手に考えてきた。ただ、健康にだけはなってもらい、それなりに成長し、何とか大学まで卒業してくれたらもう万万歳！　とかすかな望みを抱き、母親の過保護のもとでより小さく、より小さくといじりまくって育ててきた。

本音を言えば、私だって子どもに対して希望もあれば野心もある。心の奥底では、世の中を背負っていける大物になってほしいとか、世界に羽ばたくエリート・サラリーマンになってほしいとか、自分のやりたいことを見つけ、それで成功してほしいなどと思っていた。けれど、突然起こす喘息の発作に親子ともども疲れきり、「健康でさえあれば」「人についていかれれば十分」と自分に言い訳をして、彼の夢ある未来をしっかり奪い取ってきていた。

いま冷静に考えれば、どうもこの考えは息子にとって「迷惑だよ、やめてくれよ。お母さん」ということだったらしい。一生懸命上に上にと伸びようとしている彼という芽を、母親の身勝手な不安や心配のあまりメチャメチャにつぶし、毒を含んだ言葉を一生懸命投げかけ、彼という器を小さくし、彼の心身の伸びを遅らせていたのだ。

よく考えてみれば、誰も明日のことなどわからない世の中。最近ドッグイヤーなんて言葉を聞くように、人類史上はじまって以来の急激な変化の中に我々は生きている。そして、二十一世紀は何が起こるかわからない、そんな不透明な時代に突入しているかもしれない。さらに彼が社会で活躍するころには、もしかしたら地球以外の惑星に住居をかまえ、「私少しの間、地球を離れています」なんてことも起こらないとは言えない。そんな時代に生きていかねばならないのだ。

先の読めないような荒波の時代だからこそ、今は最低のポジションに甘んじていても、ひょんな事から頭のよくなる未知の方法と遭遇し、その学習方法の効果もすばらしくスーパーマンの如く一気にトップの座に上り詰めることだってないとは言えない。エジソンだってそうだった。小さい頃はまるで成績が悪く問題児だったけれど、母親の力で伸びた。

きっと息子は大器晩成型なのだ。それに、夫も私も学校の成績はまんざらでもなかったから、多少遺伝だって期待できるはずだ。彼を信じて前進していけば、きっといい結果を勝ち取れるにちがいない。ダメだ、ダメだと決めつけることをやめてみよう。これからよくなる、ますますよくなると肯定的に考えるほうが、気分的に楽かもしれない。

どうせ想像するなら、思い切って大胆に理想像を描きあげてみることにした。人に話すわけでもない。「ひとつの楽しみ、私の夢」と思ってやってみればいいと居直り、思い切りグレードアップした理想像を描いてみる。

そして、かわいい花柄の色紙を買い求め、半分は実現させるぞという強い決意も込め書き上げてみた。

## 家族の目標&願望

・家族の健康・富・成功・発展・繁栄がある。
・夫。仕事が順調で、会社は大幅の黒字。
・私。自分の名前で勝負できる女になる。ダイエットは大成功し、見違えるほどいい女になる。
・長女。人が振り返るほどの美人に成長する。人気者で頭脳明晰・人の気持ちを理解する、木村佳乃のような素晴らしい女性になる。
・長男。キムタクのような格好いい男になり　友達が多く人気者。理解力・集中力に優れ、一流大学に合格する。
・次女。頭脳明晰・美人・松島菜々子のような容姿端麗・素敵な女性になる。一流大学に合格し、彼女の人生順調。

「あなた、頭、大丈夫？　しっかりして！」と、あざ笑われようがかまわない。私は書いているうちに将来の映像が脳裏に浮かびワクワクしはじめた。そして、今までの「未来に対する願望」を一つも考えずに子育てしてきた私にすべての悪の原因があることをしっかりと悟った。

その日から、色紙はベッドの横に置かれ、朝晩、必ず眺めることを習慣づけた。そして潜在意識の中でしっかりと発酵し、ポコッと素晴らしい結果が生まれてくるのを、楽しみに待つことにした。

## 継続は力なり

自分を一から変えてみようと決心したことは、私にとって人生最大のイベントといえるかもしれない。自分の意識をプラス思考に変えること、それによって運命を好転させてみようと発奮し、自己啓発の本を読みあさってみたり、講演会に参加してみたりと、試行錯誤を繰り返しながら、手探りで少しずつ前進を試みていた。

はっきりとした目に見えるような成果を手に入れるには長い時間がかかるものだ。「風邪を引いたから病院にいって注射で治そう。二、三日静かに寝ていれば治るかな」なんてそんな簡単なものではないことは重々知ってはいたし、私の体に何十年としっかりとこびりついているのだから、それを消すのに時間はかかって当然のこと。

ときには、なかなか見えてこない成果にいらだちを感じたり、「こんなことに手を出してみてもどうなることやら」と不信感が湧き上がってきたりと心は動揺したが、「継続していれば結果が出ないはずはない。必ずや出るに違いない」と、疑いの目を持ちながらも続けていた。

そして、「継続は力なり」という言葉どおり、時間をかけてゆっくりと丁寧に蒔き続けた「自己改革」の種は土の中でしっかりと温められ、見事に発芽し、若葉がめばえ、そして夏のひまわりのごとく大輪の花に成長した。この成果のおかげで、いままで体全体からオーラのように発し続けていたネガティブ思考は少しずつ消えはじめ、これまでの一貫性のない、いいかげんな性格と決別しはじめた。

何度転んで痛い目にあっても、すぐに立ち上がれる柔軟性と芯のある強い性格。「私の家族はますますよくなっている。彼らは絶対にチャンスを見逃さないだろう。私の子どもたちはこれからどんどん伸びていく」という信念。とくに、家族に対して「そんな小さなこと気にしなくても大丈夫よ。ドンマイ、ドンマイ。うまくいくから」と自信たっぷりの態度で言えるようになってきたこと。これはいままで否定の概念に苛まれていた時と打って変わり、家中に新しい命や息吹を定着させた。

「朝がこなければいいいな」と苦痛に感じていた朝の目覚めも、以前と違ってスムーズだ。ベッドの中でゆっくりと背伸びをし、朝のエネルギーを体中に感じうれしくなる。「今日も最高の一日がはじまる。今日もいい日。運がいいぞー」、そうつぶやくと勢いよくベッドから飛び出す。そして、まだ誰も起きてこない静かな台所で、まずは大好きなコーヒーをゆっくりと楽しむ。キッチンの窓を全開にして新鮮な空気を取り込み、身も心も軽い。洗濯機のスイッチ・オンも、お弁当の用意も、朝食の準備も何一つ面倒なことと思わず、流れ作業のように順調に進めていく。

「ああ、つまらない、うまくいかない」が口癖だった心の貧しい母親が姿を消し、一つの信念を持って燦々《さんさん》と輝き続ける太陽のごとき母親が現れたことにより、子どもたちからは以前のオドオドした姿が完全に消えてなくなった。地域や学校で思い切り活躍し、その成果を確実に手に入れ誇らしげに持ち帰ってくる。彼らには無理かな、と思われる役をこなすたびに、彼らのチャレンジ精神は評価された。

以前の息子の姿を知っている小学校のときの先生からは「彼は本当に素晴らしい。将来が楽しみだ」と驚嘆の声があがり、井戸端会議の仲間たちからは「どうしたら、そうなるか教えて。急によくなるって絶対に何か秘訣があるはずよ」と質問攻めにされる立場へ変わっていったのである。こんなことが相次ぐ中、今までの陰気な家の雰囲気は、明るく、笑いの絶えない、ユーモアあふれる雰囲気に変わっていった。

また、健康の面でも、三人の子どもたちはつき物が落ちたように、病院とは縁がなくなった。常連患者が姿をみせないために、主治医から「病院を替えたのかい？」と電話がかかってきたほどだ。

母親が肯定的思考の入り口に少し踏み込んだだけなのに、そのプラスの波動は見事に家族中に伝わり、子どもたちに天使の笑顔がもどり、嘘も隠しごともない本音で会話ができる毎日を過ごせるようになってきているのは、本当にありがたいことである。色紙療法も、朝・晩の鏡と同様に、たくさんの幸運をしっかり運んできてくれたのだ。

毎日の積み重ねは大きい。汚れていた水に一滴一滴、澄んだ水を入れていくように、心にきれいなプラスの波動を少しずつ少しずつ導入し続けた結果、「あなたっていつでも幸せそうね」と羨ましがられる女に成長しはじめた。

## トイレで願いがかなう

つくづく人間は欲張りな動物だと思う。いくつかの願望達成の方法で、この先に明るい希望がみえはじめたことに味をしめた私は、もっと肩の力をぬいてリラックスし、自然体で自分の願望を潜在意識に訴えるやり方はないものかと頭をひねってみた。

とにかく今までの命令、強制、押しつけの言動は、よほどにレベルが低かったらしい。母親の権力に勝てず、我慢するしか方法を知らなかった幼い頃の子どもたちは、母親の無知な言動の数々で心に深い痛手を負った。それは成長してからの消極的な性格や、やる気のなさとして、表面にあらわれてきていた。彼らの心の奥底には、「お母さんは僕らのことがわかっていない」というあきらめの気持ちがしっかりと染みついていたのだと思う。

だから、そのいやな思いが脳裏をかすめるのだろうか、母親が我が家の悩める事態を解決しようと思案をし、何か新しい方法を試みようとするたびに過剰反応し、あらゆることに抵抗するようになっていたのである。あるときは「僕らは関係ない」という無視した態度で交戦してきたこともあったのだった。

一人前の口をきくようになると、何か問題が生じるたびに「お母さんは、全く成長がないんだから」と非難の声を浴びせてくる。まるで住む世界は別とばかりの彼らの冷ややかな言動に、いけないとは思いながらも「誰のお陰で大きくなったというのよー」と大人げもなく反発してしまう愚かな私だった。

自分のしてきたことで十分痛い目にあい、それに懲りて何度も自己反省をし、さらに一から出直そうと決意しても変わらないのだから、彼らの言い分だって無理もない話だと思う。彼らの潜在意識の中には「母はもう何を言ってもダメ。絶対に変わらない」という烙印がしっかり押されてあったのだ。

彼らにしてみれば、何度も同じ失敗を繰り返す学習能力のない母親が、初心にかえり本格的に自己改造を試み、何とか成果を出そうと悪戦苦闘している姿をみても、

「きっと三日坊主で終わるだろう」としか思わなかっただろうし、そのなんとかしなければという姿が陳腐なものに見えていたに違いない。

しかし、とにかく彼らに二度と命令、強制、それに押しつけの言葉を発せずに、自然体のまま、潜在意識を使って、家族の輝ける未来を勝ち取れる方法はないものかと考えた。家族と口論したり、お互いにいやな思いをしたりせず、私の願望が自然と彼らに伝わり、かつ自分が楽な方法……。

トイレに願望目標を貼るという妙なアイディアを考えたのも、彼らの目の前に願望や目標があれば当然目にもつくだろうし、それらを何気なくサラッと流すようにでも見てくれたら、彼らの潜在意識だって気がついて変化を起こすように動きはじめるかもしれないという思いからだった。

潜在意識は、朝起きた時と夜寝る前が一番ご機嫌麗しく、無理と思える願い事も叶いやすいとのこと。それなら朝晩必ず使うトイレに、色紙と同じような目標願望を貼ってみたらおもしろいかもしれない。とにかく潜在意識の活用は、自分だけでヒソヒソとかくれながら楽しんでいるのはもったいないし、早くから身につけていたほうが運も集まってくるようだ。だからなんとか、家族全員に潜在意識の威力を理解してもらい、みんながハッピーという形にもっていきたい。

色とりどりのフェルトペンを使い、カラフルに、漫画チックに、そして夢があふれ出るように描いてみる。そして、トイレ内にバラやスイートピーなど色とりどりの花を飾ってみた。すると、それまでまったく面白みのなかったトイレは、一瞬にして花のオーラであふれる快適な場所へと変化し、我が家で一番居心地のいい場所になった。

子どもたちはいそいそと戸を開けたり閉めたり大忙し。用もないのにトイレタイムを楽しみ、ちょうど目の前に書かれてある自分の将来像を見て、それがうれしいらしく、にんまりしながら出てくる。誰だって夢のある場所はうれしいものなのだ。

このトイレ願望達成法は、何とか自分を向上させようと四苦八苦していた私だけにではなく、家族全員によい運を運んできてくれた。紙に書かれてあった私の願望は次々と達成されはじめ、無理かもしれないと決めてかかっていた外国旅行も、その年、見事に実現したのである。それも家族全員が当然のように、朝晩願望を目にしていたからかなと思う。

この方法を実践して以来、年に一度必ず見直しとともに書き直され、我が家の幸運のナビゲーターとして非常に有能に役目を果たしてくれている。

## 一日のスケジュールを立てる

思い返せば、精神的に成長しないまま母親になると、こんなに愚かなことを平気で繰り返してしまうものなのか、顔から火の出る思いだ。たとえば、買い物に出かけても一度で用が足りたことがなかった。夕食の直前になってマヨネーズが足りないだの、胡椒がもうおしまいだのと騒ぎはじめ、そのたびに閉店間際のスーパーに飛び込む。そのため、遅い食事はさらに遅くはじまり、なにかと問題の原因をつくり出してしまう。

一番ひどかったのは、夫に頼まれた重要書類をどこかに置き忘れ、「しっかりしてくれよ。君は本当に仕事ができないんだね」と、こっぴどくしかられたことだ。性格的にまだまだ甘く、人間の修行が足りなかった頃なので、悪びれもせず「だって」「ごめんなさい」と言い訳を繰り返し、それでも懲りることを知らず、失敗を重ねてきた。独身の頃であれば大目に見てもらえたかもしれないが、仕事、主婦、母、妻、ＰＴＡと役割が増えてくる年齢だとそうはいかない。

落ち着いて行動すれば問題は起こらないのに、ただあくせくと気をまわし、忙しい、忙しいと騒ぎまくっているこの私が原因なのだ。失敗を繰り返す自分に嫌気がさした。とにかく、いつまでも同じことを繰り返しているようでは進歩しないということに気がつき、自分の一日の行動を書き留めることにした。頭の中のコンピュータに明日の予定をインプットしておけば、スムーズに事が運び、ミスが少なくなるかもしれないと考えたからだ。

夜、子どもたちの寝息を聞きながら、早く寝たいのを我慢して、ルーズリーフ一枚に明日の日程を書く。

・五時半起床
・ゴミだしの日
・弁当
・娘の参観日。ＰＭ一時半から。その後、学校の講堂で講演会
・クリーニング仕上がりの日
・○○さんＴＥＬ　十時
・パン屋さん　三〇％オフの日
・仕事　四時から
・夜　鍋物にするから、そのために買い出しに行く

明日の行動を思い浮かべながら、綿密に書き出していく。そしてベッドの横に置いて寝る。

次の朝、起床とともに冷蔵庫に日程表を貼り、一日をはじめる。

寝る前に「五時半起床」と書くことには、すごい威力があると思う。独身の頃は、

低血圧だから朝はからっきしダメという思い込みが強かったので、早起きはとても苦痛だった。頭もなかなか働きだささないし、体もついてこない。早朝の仕事が何日も続こうものなら、二日目にはもうギブアップしてしまっていた。

おまけに、朝の目覚めが悪いと家族に対する態度も悪かったらしく、母には「朝はあなたの近くに寄らないほうが身のため」とまで言われていた。自分でも朝に弱い体をなんとかしようと思って、気つけ薬にコーヒーを三杯、立て続けに飲んだりしてみた。いいと聞けば、いろいろな方法に手を出し、自己改善を試みたのだが、一向に変わり映えせず、長続きもしない。おまけに、コーヒーのみすぎがもとで体調を壊してしまうなんて馬鹿なこともしていた。

五時半に起床↓OKと、できた項目には「うーん、君は偉いよー」と言いながら赤いペンで花丸をつける。懐かしい感触がよみがえる。そういえば小学生の頃、大好きだった先生から「よくできたね」と大きな花丸をつけてもらい、うれしくって、母に誉めてもらいたくって、家に飛んで帰ったことを思い出す。

うっかり忘れてしまったり、早々と子どもと一緒に寝てしまったりして、スケジユールが脳に叩き込まれていない翌日の朝は、どういうわけかモタモタした動作から朝がはじまり、そのあとに続く行動も何かスムーズに運ばない。

しかし、ルーズリーフに明日起きる時間を書き出し、頭の中に入れてから布団に入り眠ると、たとえどんなに早い時間であろうと、その時間にパチッと目が覚めるし、また目覚めもいい。そして、びっくりしたことは睡眠時間が極端に短くても、朝の目覚めはいいのである。

どうも一日の予定を書き出すことは体の中に情報を組み込み、行動をおこせる体にするということらしい。また、ほかにもたくさん便利なことがある。たとえば、電話がなかなかつながらず連絡できない人がいても、夜のルーズリーフに「○○さんに午前十時に電話する」と、書き入れておくと、相手はその時間に必ず家にいて連絡を取ることができるのだ。また、「明日はせっかくのパン三○%オフの日だから買わなければ」と思い、書き留めておく。するとよくしたもので、どんなに忙しくても、その店に行って買ってくることができるし、今日は無理かなと思っても、なぜか店の前を通るチャンスがあったりするのである。

なぜだかよくわからないけれど、自分の思うとおりうまく進んでいくのだから、次の日の予定を書き出すことには、なにか不思議な力があるのだと思う。さらにうれしいことは、その日にやらねばならぬことがしっかりと把握できるので、スイスイと次の行動に移せるから、時間がほしい私にはうってつけなことである。

明日の予定を書きだすことを習慣にしてから、あれだけひどかったうっかりミスとは縁が切れたようだし、失敗から自己嫌悪に陥る自分とさよならした。少しずつだが家族のために役に立てる一人前の大人の女へと変身していった。

今夜も一日の終わりとともに、ペンとルーズリーフを持って明日の予定を書き出す。今日も本当にスムーズな一日だった。一日うまくいったことに感謝しながら、明日もさらにすばらしい日が迎えられそうで、ワクワクしながら眠りにつく。

## ○○のごとく振る舞う

　母親が自分の感情をコントロールできないがために、年がら年中、いつでも皮肉な言葉を浴びせたり、冷ややかな態度で接したりしていれば、家庭の中の居心地がいいはずがない。反対に母親が心を入れ替えて、穏やかな気持ちで接していれば、彼らはゆっくりと羽を休め、十分に英気を養い、また勢いよく外界に飛び出し、自分の能力をフルに活かして思いっきり活躍するにちがいない。

　いろいろとトライし、結果を確認するにつけ、とにかく私次第、私の運が好転することが大切だとわかってきた。とにかく時間がかかっても、自分を原点から育てなおそうと決心してはいたが、自分のもっている否定的な感情を完全に消し去ることには苦心していた。

　もしも私という人間がもともと太陽のように明るくて、ケ・セラ・セラで、小さなことを気にしない性格だったら、いろんな問題が起きても「ドンマイ、ドンマイ、大丈夫よ」と笑って跳ね返すことができただろうし、いとも簡単に解決し、子どもたちを安心させることができただろう。

けれども、いかんせんまだ人間ができていない未熟な母親でもあるし、子育ての大変さにも負けている状態が続いている。疲れきった心を根本から変えていくわけだから、並大抵の仕事ではない。自分を変えるという決心をしたものの、前に立ちふさがる壁もかなり厚く、壊していくには根性も必要になる。

もともと弱い人間なので、ひどい落ち込みを幾度となく経験すると「もう、やめた。これまでの私で十分。近寄らないで！」と半狂乱で叫びたくなるときもある。この一筋縄ではいかないことに、ほとほと嫌気がさしてもくるし、私が見方を変えたところで、努力をしたところで、子どもたちの毎日の生活態度からして、いいところなんて到底あるように思えない。本当にどう欲目に見ても彼らのいいところが見えない中で、一日一日がやり切れない思いで過ぎていく。

疲れも出てくるし、いら立ちも、焦りも生じてくる中で、そのつど「ゆっくりやろうよ。いつかは日の目も見るだろう」と何度も口癖のように自分に言い聞かせながら、自分をなぐさめる。やり続けていれば、何とかなるかなという思いで、一喜一憂の日々を過ごしていた。

そんな弱気では母親という稼業はやっていけないとも思うが、こんなに大変なことだと初めからわかっていたら、自己改革なんていう、人生最大の課題に挑戦しなかったかもしれない。けれど、今になっては最後までやり通すしか方法はないのである。

潜在意識の開発だの、褒めて認めて育てるなんて、結局は無理な話で、やはり非現実的な世界の絵空事なのだろうか。友達の言うとおり、訳のわからない子どもたちには、昔のスパルタ方式でビシビシ責め立て、泣くほど鍛えたほうが独立精神も身につき、彼らの将来にとってプラスになるのだろうか。友達の通っている塾に入れてガンガンしごいてもらったほうがいいのかもしれない……。

あまりにも結果が見えてこないことに、いら立ちや不信感がモヤモヤと湧きあがってきた。いままでやってきたことに後悔の念がつのってきたのだ。「この際、これまでしてきたことをまた見直して、スパルタ方式に軌道修正するのが、やっぱりいい方法かもしれない」などと思案しはじめた時、「我が子がいちばん大事！」と思っている教育ママたちの井戸端会議に誘われた。

自分に勢いがない時は、人の陰口大好きママ族や、評論家もどきで皮肉たっぷりの母親族のご招待には気持ちが動く。以前の私だったら早速参加し、いらぬ噂話にうつつを抜かしたり、自分の子どもの欠点を言い立てたりして満足していた。貴重な時間と大切な心を台無しにし、否定の感情をお土産にもらってくるので、よけいイライラしてマイナスの言葉を子どもたちに浴びせてしまっていた。

だがこれまでのいきさつからして、幾度となく痛い思いもしてきたし、彼らの子どもたちには到底かなわないというヒガミ根性が心の奥底にあるためか、参加することに躊躇していた。話に加わったところで、いらぬ知恵や悩みの元が耳に入り、心が混乱するだけだ。そんな無駄なことには参加しないのが正解だろうし、身のためだとわかってはいた。けれど、心が疲れていたり、エネルギー不足だったり、なにか突破口がほしい時には、どうにも同類相憐れむの仲間が欲しくなるのが女の本心かもしれない。

ただ「私だって少しは成長しているぞ！　以前の私とは、ちょっと違うぞ」という気持ちが多少なりとも芽生えていたのか。普段のジーパンとトレーナーではなく、クローゼットから一張羅のスーツを取り出し、身につけて出かけてみることにした。

案の定、会話の中身は、

「うちの子って、まったく勉強しないの」

「あんなにいい子だったのに、クソババアって反抗ばかりするの」

「朝と夜とまるで反対の生活よ。困っちゃう」

などなど、我が子の欠点をとうとうと並べ立てるだけ。そして、我が子の不出来は学校の責任で、担任の先生の教え方が悪いとばかりに、

「○○塾って、五十点は確実に上がるって評判よ。ご一緒しない？」

「うちの担任、えこひいきをするの」

「あの先生教え方がへたなんですって」

と、学校批判をはじめる始末。自分の子さえよければ、他人はどうでもいいとい

う、我が子オンリーのエゴ剝き出しである。

私は話を聞いているだけで心が疲れてしまい、半ば呆然として口をつぐんでしまっていた。この騒ぎの中にいたのではたまらない、さあ、逃げようと腰をあげかけたとき、

「どうして、急に成績が伸びてきたの？」

「あなたの子どもって、反抗しないんでしょう」

「三人とも穏やかな性格でうらやましい。何か秘訣があるの？」

と突然話題が変わった。

すると、今までの、まるで蜂の巣をつついたような騒ぎが突然収まり、〝我が子一番！〟の教育ママ族の目がいっせいに私に集中した。

驚いたのはこの私。彼女らはこれまで、

「あら、ウチの子ったらまた百点で困っちゃう」

「今度もまた、クラスの委員に選ばれて」

「今年もリレーの選手に選ばれてー」

と優越感いっぱいで、我が子の優秀さを自慢し吹聴してきたはずだ。そして、子育て失敗と悩み込んでいる私と違って、子どもの成績の面でも、いじめの面でも、ましてや不登校だなんて関係のない世界で、成功の道を進んできたはずである。悩み抜き、落ち込んで立ち上がれない私に対して、他人の不幸は蜜の味の如く「それじゃ、これから先困るわね！」「また残り勉強のグループにいるの？」なんて冷ややかな視線や冷酷な言葉を投げかけ、私を極度の劣等感に陥れた。それなのに、今この時になって、

「反抗期の時期かしら。私に暴力を振るってくるの！」

「もう絶対に言うことを聞かないいんだから」

「テレビゲームだけが命で、学校は辞めるっていうの」

「親に向かって、メシ、カネ、それしか言わないいんだから」

と矢継ぎ早に子どもの文句を言い立てる。そして究極の一言、

「とにかくあなたの子育て法が聞きたくて、今日は来てもらったのだから！」

数分前まではこの場所に来たのがすべての間違いと反省し、下を向いて無言の状

態を保っていた私は、突然の出番に驚き、躊躇した。なおも、教育ママゴンたちからは「ネー、どうして？」と、しつこくいろいろな質問が飛んでくる。

わが子の確実な成長を認めようとしなかったのは、どうも愚かなこの私だけだったようだ。彼らは着実に成果を上げているようであり、彼らの成長の素晴らしさにみんな驚嘆の眼差しを注いでくれている。彼らの急激な変化に驚き、同じ道を我が子にも歩ませたいという。

私は、教育ママゴンらの今までの失礼な態度や、これまで持っていた心のわだかまりをすっかり捨て去り、「さあ、これからは私の時代よ」とばかりに優秀な子どもをもつ母親の役を演じさせてもらった。

「ええ、おかげさまで！　潜在能力の開発のおかげかしら。皆さんの知っているとおり、小さい頃は出来なくて、いろいろと悩んできたけど、大きくなるにつれて学校の成績は急上昇してきて、しっかりもしてきたみたい。これも皆さんのおかげよね。本当に嬉しいわ。でもやっぱり潜在意識の世界ってすごいわね。結果が必ず出るんだから」

と毅然とした態度で言い切った。気持ちだけでも負けまいと身につけた一張羅のスーツも、教育ママ族を圧倒したのかもしれない。〝我が子がいちばん大事！〟の彼女らにとって、この一言は救いの神だったようで、

「潜在意識ってなに？」

「これからでも間に合うのかしら？」

「母親が変わることで、そんなに成果が違うの？」

と、まるで何年か前に私がした質問のように、真剣な態度で根掘り葉掘り聞いてくる。

その時から立場は逆転し、私は彼女たちから質問を受ける側に立ってしまった。私は彼女たちを前にして、どのようにしたら意欲あふれる子どもになるのか、やる気のある子どもに育つのか（私の子どもはまだ成長段階だが）、とうとう自分の考えを述べる機会を得て、ヤンヤの喝采を浴びたのだった。

この予期せぬ突然の出来事に、家に帰ってから、これでよかったのかと後悔した

が、その時から、劣等感にさいなまれていたあの肩身の狭さや恨み、辛さは消えはじめ、心の中にヘドロのようにこびりついていた否定的な感情も薄れてきたのは確かだ。すべてのわだかまりが、なぜかすうっと空の彼方に消えていくような気がして、スッキリとした爽快感とともに、いままでの努力がやっと報われたような安堵感も湧きあがってきた。

数日前までは、ヒガミ根性いっぱいで「専業主婦っていいな。自分で使える時間はたっぷりあるだろうし」とか、「子どものことだけ考えていればいいのだから楽だろうな」「仕事をしている女は損。いつでも頭の中に子どもの姿がちらつき、集中して仕事に全力投球できないし、子育てだって十分に手をかけてあげられない」などと自分を卑下したり、哀れんだりしてきた。悲劇のヒロインの居心地があまりにもよかったのだろうか。彼女たちの立場や本音を考える余裕も持たずに、いつでも彼女らをうらやんでいた。

そして、「もし私が専業主婦だったら自分の思いどおり満足な子育てができたに違いない」と仮定の世界の中に身をおいて、自分をだまし続けてきた。心の奥底にある甘い考えや、彼女らに対する嫉妬の気持ちが自分をダメにしているのだ、こんな浅はかなことは考えてはいけない、と頭の中ではわかっていても、なかなかそこから抜け出すことができないでいた。

時には「私の子どもだって、彼女らの子どもたちに劣るはずはない。可能性はある」という思いが頭の中をかすめることもあるけれど、彼らの毎日の生活状況からでは「これでいいのかなあ」という心配のほうが先に立ち、結局不安が襲ってくる。愚かな母親ゆえに、彼らの一挙一動が気にかかり、その度に落ち込み、疑心暗鬼でいつでも心が落ち着くことがなかった。

それなのに、こんなに悩んでいた私が子育て論を話す側に立つなんて！　突然の指名を受け、晴れ舞台に立たされ、立派（？）にも、大役をはたすことができた。おまけに、積み重ねてきた結果の素晴らしさを認められ、皆から喝采を浴びて、主役の醍醐味を十分に味わうことができた。このことが、疑い深い心配性の自分と決別するきっかけになったと思う。

## お手本をつくる

「彼女の子どもたちは、どの子も優秀！　本当に文句のつけようがないわ」と羨望のまなざしを受け、いつでも噂の中心にいるような人は、誰にも負けないほどの輝くようなオーラを常に発しているような感じがする。「私の子どもは皆大丈夫！どの子も心配はいらないわ」としっかり潜在意識に植えつけてあるのだろうか、いつみても堂々としていて自信あふれる態度には、いつも感心してしまう。

他にも子育て上手だなとうらやましく思える人がいるけれど、子育てで成功している部類に入る人は、きっとどの人も「私の子どもは大丈夫よ」という自信があり、それが結果としてあらわれているに違いない。そしてそれは私が一番望んでいる「我が子は大丈夫」という確固たる心のものさしを持っていると思う。

その大丈夫という信念が、母親の心を安定させるのだ。母親が毅然とした態度や行動をすることによって、彼女の周囲にも影響を及ぼし、すばらしい結果やその家庭の繁栄として表面に現れているのだろう。

知人に、三人のお子さんを持つ母親がいる。彼女の一日は忙しく、まるでコマネズミのように時間に追われているにもかかわらず、いつでも笑顔があふれている。彼女の口からは、「私の子どもは、三人とも運がよくて、いつもいい先生に巡り合えるのよ」と当たり前のようにサラッとした言葉が出てくる。

この自然と出てくる言葉の端々から、「大丈夫」という特効薬があふれだし、それがオーラとして伝わり、子どもたちの未来を限りなく明るいものにしているにちがいない。

私もそうしてみよう。彼女をお手本として、そして今回のことを教訓として、これからも継続していけば、親子ともども人生の主役として、晴れの舞台に立つことが可能かもしれない。なんと素晴らしいことだろう、そう思っただけで胸が高鳴り、明日からの生活が一段と楽しみになってきた。

## 明るい嘘

わが子に対する母親の必死な思いは、活火山の下、数キロメートルの深さにあるマグマのような、とてつもない威力を持っている。

井戸端会議を発端とし、「ねー、何をはじめたのよ」とか「どうしてそんなに、急に成績が伸びるの?」「あの子がクラスで一番の成績になるなんて」と、周囲の母親からこれでもかという質問攻めにあうようになった。さらに、「これからの教育は潜在意識の開発らしい」と、噂が噂を呼び、学校で一躍有名になってしまった。ただし、このことは、わが息子の出来があまりにも悪かったことの立派な証明のようなもので、私としてはなんだか屈辱的な思いもしてきて、あまり喜ばしいことでもないのだが……。

挙げ句のはてに、「その秘訣とやらを聞きたい」とばかりに頻繁にお誘いがかかるようになってきた。

　自己を変えようと決心する前は、自分の思いどおりにならないと、すぐに不機嫌な顔になるし、お疲れモード全開になると声のトーンが一オクターブ下がり、まるで幽霊みたいになるという面白みのない性格だったから、対人関係は得意とする分野ではなかった。仕事以外は家にいて、読書でもしているほうが自分には合っていたのだ。

　それに、私と家族さえよくなればいいことだから、人に言って騒ぐようなことでもないだろう。自分でもまだまだ修行が足りないと思っていたので、これから先の成り行きをじっくりと見守っていたいという心境でもあった。

　けれども、こう「あなたが、頼りよ」と真剣に言われ、騒がれはじめると、「あと三年待っていてね。結果が出たら教えるから」とは言えなくなってしまった。電話の向こう側から「お前の育てかたが悪いから、こんな子どもになったんだぞと夫に言われた」とか「子育ては失敗よ。私が馬鹿だった」と泣き声で相談されるし、「昼と夜を取り違えた生活をしていて朝は起きないで困っている」などという、まるで青少年の悩み事電話相談のような訴えもある。

そんな時、「私だってこれから先どうなることやら」と言ってしまったら、どんなに気が楽かと思うし、「恥ずかしくって教えられないわ」と断ってしまいたい気持ちにもなる。けれど、せっかく主役の座をいただけたことでもあるし、人の口には戸が立てられず、なぜか噂の中心になってしまった以上、何が何でももっとよりよい状態にしていかなければならない。

自分に活をいれるためにも、「こうすれば問題は簡単に解決する」とハッタリをきかせ、相談にのる。大丈夫、大丈夫、ケ・セラ・セラと、陽気に明るく答えることで、不思議と自分にも自信が増してくるのには驚いた。このことは、相手にもじつに効果的な説得だったけれども、私にとっても自分のしてきたことを振り返る、いい勉強の場になった。

そして何度となく同じ話を繰り返しているうちに、子どもたちの確実な成長を再認識できるようになったし、私自身もいい方向に、いい運をつかみはじめているようだ。家の中のよどんでいた空気はもうすっかり過去のものとなり、さわやかな風が吹き込むごとにクリーンさを増しはじめ、居心地のよい、温かな会話あふれる家庭へと一段と成長していったのである。

# 第二章　成功に向かってレッツトライ

## 自分を変える方法が知りたい

自己改革の必要に気がつき実践してから一年もすぎると、以前のような自分を見失うほどの慌ただしい毎日とは、縁も切れてきた。今は、落ち着きのある日々が送れているから、心身ともに、健康な状態といえるかもしれない。私がネガティブ思考のときは、ただ訳もわからずにがむしゃらに暗闇の中を走り続けていたし、子育てで悩む母親たちの声を真に受けて、これから先は必ずや暗黒の世界が待ち受けているに違いない、とすべてがマイナスにしか考えられずに、心の中にはひとかけらの余裕もなかった。

そして口から出る言葉は「時間がない！　時間が足りない！」、そう叫び続けていた記憶がある。

ところが自己改革をはじめ、気持ちを肯定的に変える方法を身につけていくと「時間がない」ではなくて「時間はつくるもの」であると気づいた。そして、試行錯誤を繰り返しながらも、自分の直感を信じて自己改革を実行していくと、びっくりするほどの大きな成果が自然と手に入るようになってきたのである。

これも自分に合った自己改革の方法を見つけ、誰にも言わず、ひそかに、そして楽しみながら続けた成果かもしれない。だから「継続は力なり」という言葉に一言加えて、「継続こそ力なり、それもリラックスして継続して」と、今悩んでいる母親たちに伝えたい気持ちだ。

一時期、何が何でも自分を変えねば、何があっても運をつかまねばとシャカリキになって幸運をゲットする方法を探していた時がある。私が体に力を入れて、必死にやろうとすると、家族から猛烈な反発がくる。夫からは、「お前、なにをやってもいいから、宗教にだけは、走らないでくれ」なんて戦々恐々とした目で見られるし、子どもたちにいたっては、協力を求める母親にもう飽き飽きしているのが、手に取るようにわかってしまう。彼らも心の奥底では、「またはじまったよ、何度失敗すれば、気がすむのだろう」とあきれ果てているだろうし、そんな暇があったら、

「おいしい夕食を用意してよ！」と罵声も飛ばしたい気持ちだろう。だからこんな冷ややかな雰囲気が漂いはじめると、一度決意した気持ちも揺らぎはじめ、「もういいか！　やめよう」と諦めてしまえたら、なんと楽なことだろうと幾度もため息をついた。

けれど、こんなに失敗を繰り返しても、「何とかこの状況を脱出しなければ」と思ったということは、すでに切羽詰まった状態にいて、もう崖っぷちで後がないという危機感があったということかもしれない。

今になって言えることは、自分が変わりたいがために、家族に協力を求め、いろいろな方法を提示するよりも、黙って実行し結果を求めたほうが、気分的に楽だったし、心の疲れも少なくて済んだということである。

## 鏡療法との出会い

本能剝き出しの子どもたちとの生活は、すべてのエネルギーをむしり取られる思いがある。

突然の来客もあるから、居間だけはきれいにしておきたいのに、長男が不登校と騒いでいた小学校低学年のころ、ガラクタのようなおもちゃであふれ、足の踏み場もないほどのすごさである。それもこまごまとした、形のないような、わけもわからないものがほとんどだが、彼らにしてみれば大切な宝物なので、勝手に捨てるわけにもいかないし、もしも踏んで壊したり、勝手に捨てたりしたならば、「もと通りにしてちょうだい！」と、泣くわ喚《わめ》くわの騒ぎがはじまり、その剣幕のすごさに母親のほうが悲鳴をあげたくなる。それに一日に何度となく汚してくる衣類は、山のようで、次から次へと脱ぎ捨ててあり、それこそエンドレスという状態だった。

洗濯籠にあふれるほどの量の洗濯物があり、洗濯機をまわす回数が三回を超すと、ベランダには干しきれなくなる。たぶん、昼間だけでは乾くことは絶対にあり得ない。一年中洗濯物には悩んできたけれど、とくに冬は乾かないから、真冬の夜空の下、我が家のベランダだけは、洗濯物がさびしくひらひらと夜風に吹かれていることがある。ご近所の人は「あの家の奥さん、主婦をしているのかしら」と呆れ返っているに違いないと、時々ベランダを見ては苦笑してしまう。

そして「まー、よく入るね」とあきれ返るほどの食欲。食べるだけが楽しみな年頃になると、冷蔵庫の中に頭をつっこんで、口に入るものはないか、と隅から隅まで探すのは、毎度のこと。食べるものが足りなければ自分でなにかつくろうとするから、当然壊れる皿や欠ける茶碗も多くなり、来客でもあろうものなら、人さまに出せるようなまともなものは、何一つないありさまである（私は、母親が忙しいということを口実に、保育園入園くらいの年になると、男の子も女の子も関係なく、小さい包丁や皮剝き器を持たせ、どんどん台所の仕事をやらせた。それは、いつかは覚えなければいけないから、自分の食べるものくらいは自分でつくることを身につけておいたほうが、彼らの将来に有益であると考えたからである。おかげで成長してからも、自分のことは自分でやる、という自立心が身についている。そして三人とも料理は私よりうまいので、今とても楽である)。

居間もキッチンも風呂場も、家中すべてが、このような無残な状態になると、なにから掃除すればいいのか、どこから手をつけたら元の状態になるのか考え込んで、ため息よりもなによりも、どっと疲れを感じ座り込んでしまう。

ある日、親の留守中に、三人でお好み焼きをつくろうと考えたようだ。たしか一番上の子が中学生くらいの時だと記憶している。量の加減もつくり方もまだよく知らない年だから、卵を一パック十個ボールに割り、小麦粉をかなりの量入れて、それになぜかバターも、砂糖も入れてある。そしてそこに千切りキャベツも加え、攪拌器でこねてぐちゃぐちゃにしてつくっていた。三人で試行錯誤し、格闘しても、どうにもこうにも食べられるお好み焼きにはならなかったらしい。そして台所はというと……。卵の殻はそこら中に飛び跳ねているし、バターで床はベトベト、キャベツの切れ端はちらばっている、それにやっとの思いで揃えた食器は悲しくも割れている状態で、足の踏み場もないくらい悲惨な状態になっていた。私は泣きたい気持ちで、真夜中まで台所の隅から隅まで掃除したことを覚えている。

全身からエネルギーがほとばしり、なんでも興味をしめす、意欲丸出しの三人のギャングたちの荒業には、どう頑張っても私一人では、太刀打ちすることはできない。こんな小さい子が三人もいれば、整理整頓がきちんとできて、ゴミひとつなくモデルハウスのようにきれいに住もうと考えること自体が無理というものかもしれない。それでも度を超えて散らかりはじめると、持病のイライラ病がムクムクと頭をもたげはじめ、「いったい、誰が掃除するっていうのよ」と、ヒステリックな声でキンキンと怒鳴りはじめる。

それに我が家の場合、母親の私も、この現代社会の荒波を生き抜いていくためには否応なしに働かねばならない。それでも仕事すれば、子どものことも、家のことも頭から離れるだろうし、すこしは気分転換や気晴らしにもなると思って二足の草鞋《わらじ》を選択した。自分の力量も超えていることは重々わかってはいたし、無理を承知で実行に移してみたけれど、結局虻蜂《あぶはち》取らずで、どちらも中途半端にしかできない自分にほとほと嫌気がさしてしまい、とうとうつぶれてしまったのである。

家事・育児がこんなに大変であると、誰か親切な人が教えてくれていて、結婚前に有能なる奥様（？）のところへ見習いに入り、家事一般や、要領よく生きる方法とやらを徹底的にしごいてもらえば、今、こんなに大変とは思わなかったかもしれない、と後悔してしまう。けれど、そんなこといまさら言っても、若かりし頃の自分にさかのぼるわけにはいかないのだ。

ここまで精神的に追い込まれる前に、自分とのつき合い方を知っていたら、どんなに汚くても、人は垢では死なないとばかりに家事・育児は後にして、ソファにゆっくりと腰掛けて、コーヒーにアップルパイでも食べながら、好きな本でも読んだり、ボケーッとゆっくりとお風呂につかって頭を空っぽにしてみたり、たまには子どもからはなれて、ウィンドーショッピングでもして、次々におそいかかるストレスと上手につき合うことができたと思う。なにせ「三人子持ちミノ逆さにする」と言われるくらい三人子持ちは忙しいし、さらに仕事も捨てるわけにはいかない、ときているからストレス倒れ、ヒステリーになるのはしかたがないかもしれない。

女の一番いい時は三十代だと周りの人は言うけれど、そのうらやましがられる三十代に、体力に限界を感じるし、気力も低迷しているし、活字を見ると頭が痛くなり、新しい情報はテレビでやっと知るという、知力も限界を感じてしまう八方塞がりの救いようのない状態に突入していて、ちっともいいとは思えない。

心が安定しない時は、自分の容姿にもまったく自信がないかもしれない。疲れきって、身も心もボロボロの状態の中でもがいていると、自分の顔がキレイだとか、スタイルはスレンダーが今風だなんて、そんな戯言《たわごと》を言っている余裕は一つもない。「私はきれいだ。明日の洋服はどれにしよう」なんてクローゼットの中を覗いている暇があったら、茶碗の一つでも洗いたいし、そこらに散らばっている洗濯物のパンツでもたたんで、ただひたすら、早くベッドに潜り込みグー、スーと眠りたい。

それに、スカートをはいてお上品に振る舞い、優雅にティータイム、そのあと、デパートでゆっくりショッピングなんて夢のまた夢の話で、ザブザブ洗えるトレーナーや、膝の出はじめたジーパンがユニフォームにはなるし、エプロンをつけていないと気持ちが落ち着かないという「哀れな母親シンドローム」に陥ってしまっている。そして最悪なことに、あれほど好きだった化粧とも縁がなくなってしまっていた。だから当然のごとく、自分の現状の姿を認めることに耐えられなくて、そこに鏡があるのに覗きこもうともしない。朝の洗顔も、夜の歯磨きも、車の中の鏡も、必要以外なるべく見ないようにそっぽを向く。まして化粧のコンパクトなんて、使ったのはいつが最後だったのだろう。自分に嫌気がさしているのがわかるのか、惨めな自分をさらしたくなくて、鏡を見るのを意識的に避けていたのかもしれない。

けれど、自分を変えると決意したことで、私に新しい展開をよんだ。今より一歩でも先に進みたい、現状打破をしたい、と決めただけなのに、人生に疲れきった女にも、人生最大のチャンスが到来したのであろうか、「ここで負けたら女がすたる。あなたに合ったいい方法があるから、試してごらんなさい」、そういって幸福の女神がにこやかな笑顔で振り向いてくれたのである。

ふっと、

「今日はいい日だ」

と鏡に向かって笑顔で一言言ったのが、よい運に変わっていくはじまりだったのである。この何気ない一言からはじまった一日は、いつもなら梅雨時のじっとりとした雨空のようなだらだらした心ではじまる朝でさえ、なぜかご機嫌麗しくルンルンの気分に変化させてしまったし、朝からパンが一枚多いだの、スープの量が少ないだのと騒ぐ、騒々しい子どもたちの雑音さえも気にならない。いつものトゲトゲしい言葉遣いは、どこか空の彼方に消え、自然と笑顔もこぼれてくる。面倒だな、と感じる家事でさえも、あれっと思うほど簡単に思えるから驚いてしまう。とにかく朝、鏡に向かって一言言っただけなのに、昨日までの自分は一体誰だったのだろうか、一体何が起こったのだろうか、と周りの者たちに聞きたくなるほど、コロッと手のひらをかえしたように、充実した楽しい一日を、久しぶりに堪能することができた。そして一日が終わった時、「あれ！　まー、私って元気！」と驚くほど疲れを感じなかったのである。

「ウーン、一体これは何だ！　何が起こったのだろう？」

ベッドの横に積んである、何冊もの自己啓発の本からも、教育論の講演会荒らしと言われてもおかしくないほど必死になって駆けつけた講演会からも、得られなかった感触である。ストレス解消のために、似合いもしないものを買い込み、タンスの肥やしにして後悔するショッピングよりも、無駄な脂肪にしか変わらないことがわかっていてもむやみに食べたいケーキバイキングよりも、本当に驚くほどの効果。

まるで探しあぐねていたジグゾーパズルの一片を机の引き出しの隅から探しだせたような、そんな驚きと満足感を十分に味わうことができた。これは、もうギリギリの状態に追い詰められていた私にとって、何にも代えがたいほどの、最高にうれしいプレゼントであった。

この突然の答えの出現に本当にびっくりしたし、また幸運を運んできた幸福の女神のいたずらに「私を救ってくれて、ありがとう。私はこれで変われる」とひざまずいて、頭をさげたいほど、感謝の気持ちが湧き上がってきた。そして、「明日も鏡の前に立って同じセリフを言ってみよう。そうすれば明日も必ずきっと満足のいく日になるかもしれない」と舌なめずりをするような期待感で、にんまりとベッドに潜り込んだことを昨日のように覚えている。

それからは、鏡との対話は毎日の日課の一つとなり、朝・晩かならず鏡の前に立

って、

「自分の人生順調である。うまくいっている」

と自分に言い続けてきた。そして驚くことに、次々とラッキーな出来事と巡り合えるようになってきたし、そしてそのチャンスを確実に自分のものにできるようにもなってきたのである。

十数年前を振り返ってみれば、なんとかこの悲惨な状況を今、乗り越えなければ、家庭崩壊に追い込まれてしまう、という切羽詰まった気持ちがあったから、きっとこの方法に巡り合えたのだろう。否定的に考えることが身についていた私も、この威力で、だんだんに精神的にも強くなり、少しのことではめげない、そして何か問題が生じても「大丈夫」と言い切れる肝っ玉母さんへと成長していった。

## 鏡療法の方法

### 1　夢や目標を明確にする

あなたの夢や目標を定め、鏡の中の相手にしっかりと伝えてみよう。たとえば、「子どもの勉強嫌いが直ったらいいな」とか「自分の仕事が見つかればいいな」と曖昧に言わず、「勉強の好きな子に育ってくれてうれしい」「自分に最適な仕事が見つかってありがとう」と断定して言う。

## 2　継続する

継続は力なり、の言葉のように、とにかく続ける。とにかく最低でも三週間は続けてみる。するとだんだんに不安が消えはじめ、気持ちが安定してくるはずだ。「一念岩をも通す」、のように、継続していると思いは必ず伝わり、成果が見えはじめてくる。

## 3　一貫性をもつ

目標や願望がそのつど違うと、自分の潜在意識になかなか刻印しない。一つのことを、結果が見えるまで続ける。

## 4　歯磨き感覚の気楽さで

よしがんばろうと張り切ると、体に力が入り、続かないことがある。朝の洗顔や、夜寝る前の歯磨きタイムに組み込み、淡々と続ける。

## 5　プラスの言葉で

母親は、心配することが仕事であるかのように、何事もマイナスに大げさに考えやすい。「大丈夫。これからでも、十分に間に合う」とプラスの発想で語る。

## 6　笑顔で

あなたが怒った顔で鏡の前に立つと、鏡の中の相手も不機嫌な顔で対応してくる。つくり顔でも、にこやかに鏡の前に立って対話することにより、相手も必ず喜んでくれるはずである。その笑顔に納得して必ずやあなたの味方になり、応援してくれるだろう。

## 7　「〜になって私は幸せ」というフレーズをつけてみる

最後に、「〜になって私は幸せ」と言ってみる。潜在意識も、誰の願望かわからないと、迷いも生じてくるかもしれない。自分の願望を早く、そして必ず勝ち取るためにも、その成果を求めているのは、この「私」であると、鏡に訴える。

まだ誰も起きてこない静かな時間に、鏡の前に立ち、「今日もラッキーな一日がはじまるよ。私は、今日も幸せ」とつぶやく。するとなぜか不思議と、今日も一日無事に過ごせるのを感じる。そして心に潜んでいるモヤモヤした不安と別れることができる。新たな気持ちで一日をはじめられるし、鏡が私にパワーを与えてくれるのか、朝からエネルギーが増強してくるのを感じられるから不思議だ。

この鏡療法のおかげもあり、心が健康になることによって、それまで肩がはるの、腰が痛いのと絶え間なく体の不調を訴え続けた私は、不思議なことにあれだけ依存していた薬や病院、はたまた鍼灸《しんきゅう》といった民間療法ともすっかり縁が切れ、知人や友人が目を丸くして驚くほど健康を取り戻すこともできた。

自分の心にも、多少なりとも余裕がでてきたのだろうか、相手をおおらかな心で包み込むこともできるようにもなってきた。これは、かなりの進歩だと言える。それによって、ギシギシと音を立てていた家族との人間関係も、やっとスムーズになってきたし、長く続いていた夫との冷戦状態も終結を迎え、やっと我が家も春の訪れを感じるようになってきた。

## 他の方法を探せ!!

私も、五十歳を超える年齢になってくると、人間が丸くなってきたのか、あまり欲得を考えることが少なくなってきたように思える。けれど、もし、もう一度チャンスをくれるならば、是非、年を二十代に戻してもらい、もう一度はじめから自己改革に取り組んでみたい。そして、これまでやってみた自己改革を復習しながら、潜在意識にもっともっとプラスの感情をインプットして、わくわくする、よりよい人生を歩み直したい。それが今の私の願望かな？

もちろん　過去には誰も戻れないから、後悔をしてもはじまらないことは重々わかってはいる。夫も子どもも、今のままで大満足をしているし、私にはもったいないくらいの家族だから、一つの文句もケチもつけるつもりはないけれど、これまでの不出来な妻・母親にしがみついてきてくれたお礼も兼ねて、彼らのためにも、もっとプラスのエネルギーを身につけ、彼らにそのパワーをふりそそいであげたい！それに、もっと欲をかいてみるならば、もう一度自分の人生に花を咲かせ、それを冷静な気持ちで味わいたい、そんな欲張りな気持ちもある。

自己改革の中にある、鏡療法とこれから伝える色紙療法、そしてイメージトレーニング、感謝の日記を、子どもたちにも理解してもらい、できるならば彼らも納得して、あわよくば実行してくれて、人生の落とし穴に落ちることなく、人生のうまみを味わいながら楽しく生きていってもらいたいものだと思っている。

それに、少しだけ後悔の念をもって、自己評価をするならば、「ネーネー、そんなマイナスの考えをやめて、向上心を持って生きていくほうが、なんぼか楽だったね！　もっと早くから気づけば、もっと違った人生も味わえたかもしれないね」と反省を込めて、自分に言ってあげたい気持ちもする。

鏡療法を続けていると、この効果のすごさに圧倒されてしまい、「そんなに悩みがあるなら、やってごらん！」と周りの人たちに言って歩いた。私は、「子供は天才である」「子供は無限の脳力がある」という理論のもと幼児教育の講師をさせて頂いている。そんな関係で私は母親たちとの接点が多くある。彼女たちの年代からすると、どうも私は姑の年齢と同じくらいらしく、自分の姑には素直になれなくても、他人様の私だったら何でも言えるようで、もう一人の姑として頼りにされているところがある。

自分自身が、いくつかの苦難の連続の中で自分をすっかり失い、崖っぷちのギリギリの状況で助けを求めた時に、自分の時間を割いてまで、手を差し伸べてくれた人もいるし、落ち込んだ気持ちを盛り上げるために電話をかけてくれて、激励のエールを送ってくれた頼もしい人もいる。その時、私はどれだけ助けられたことか。私も、もしアドバイスできる立場になったら、そのような大人の女になりたいとは思っていた。

幾多の困難を経た成果、自分で言うのもおかしいけれど、私もメンタルな面でも成長させてもらったと思う。おかげさまで、こんどは相談をされる番になれたから、悩める母たちには、

「鏡に向かって微笑んでみて！　そして自分の願望をプラスの発想で言ってみて！

困った時はお互いさま、お役に立てばいいね！」

とアドバイスをさせてもらってきた。

三人の子どもをイライラした感情で育てあげた者として、マイナスの感情は一つも彼らの心の成長のためには役立っていないと、今ハッキリと断言できるし、かえって無駄なことをしてきたな、という後悔の思いがある。とにかく一緒にいることが最も多い母親の否定的な考えが子どもの能力や心の発達を妨げているのは、どうも事実のような気がする。それゆえに母親の思考をプラスに変えていかなければ、やがて彼女たち母親も、私と同じ道をたどるのだ。行き着くところは子どもの心の成長の停止だ、そして不登校だ、非行だと、いやというほど苦渋をなめさせられてきた先輩の母親として、黙って見ているわけにはいかない。だから「そんな失敗はしないで」と、老婆心ながらも、彼女たちに訴えてきた。

それにまた、私自身フランクな性格なのか、子どものことでも相談はあるけれど、母親の他の悩みについても（それは、姑の問題であったり、夫との人間関係であったり、仕事上の上司との関係であったりとさまざまなことで、教育関係ばかりでないところがミソだけれど）、ああだこうだと相談にのるうちに、「もっとよくなりたい！　もっと他の方法もないの？」と欲張りのお母さんも出てきはじめた。人はよくなりはじめると、もっと高い望みを持ちはじめる動物なのか、向上心が高くなるのか、自分の可能性を求めて学習するものかもしれない。だから保護者のお母さんたちが、悩みに耐えかねて電話をかけてくると、そこから立ち上がるための何かいい方法があるかもしれないと思い、やはり試行錯誤をしながらも次のステップを考えるのである。

## 色紙療法

綿密な計画と正確な地図があれば、道に迷うこともなく、ロス時間も少なく、それに無駄な労力も使わずに楽しく目的地に到着できる。これは旅行をする時の基本法則なのにもかかわらず、どうして人生設計には応用しなかったのか、と自分の人生に対する姿勢の甘さや、やる気のなさに後悔をしてしまう。情けないことに、以前から、私の頭のコンピュータの中には、自分の人生設計を描いてみることの大切さが織り込まれていたにもかかわらず、なかなか実行に移せなかった。もっと早くから実行していたら、また違った人生があったかもしれないな……と、ここでも自己評価をしてしまう。

とにかく三人の子どものいる私はゆっくりと歩いてなんかいられない。跳ぶように歩かねば、用事は山のように増えていく一方だし、時間は絶対に待ってくれない。先手を打って用事をこなしていかないと、身に降りかかる仕事の量は半端なものではない。そのうえ、仕事も同時にがんばろうなんて、欲の塊のような根性でいたから、時間の余裕もなければ、体力も、心の余裕も、ないのは当然のことかもしれない。

結婚して、子どもを産んで初めてわかったことがある。世の中の事情がどうであれ、計画していた旅行がどうであれ、そして旅先であれ、いろいろな行動計画なんかまったく無視して起こるのが「子どもの病気」であるということだ。「突然発熱する、突然ケガをする」、その突然の出来事がいとも簡単に起こってくれるから、「やっぱり計画どおりに進まないのが人生である」と、心の中に刻印してしまったのかもしれない。人間は何度となく突然の出来事を経験すると、人生一寸先は闇ではないけれど、それもまた恐怖として頭の中にこびりついて離れなくなる。さらに、兄弟が多いと次から次へと同じ現象を起こしてくれるから、オチオチ安心していられないし、それこそ、明日の楽しみのための計画なんて、恐ろしくて立てられなくなる。

今回こそはうまくいくだろうと、旅行の計画を立て、当日に、ドタキャンとなり、キャンセル料七十%なんて取られた日には、もう目も当てられない。しまいに、やっぱり子持ちはこんなものなんだと、半分諦めの気持ちも湧いてきて、がっかりすることにさえも疲れてしまう。だから、だんだん潜在意識に「未来のことを計画しても絶対に実現しない」と刻印されてしまい、その日の子どもの様子で行動を起こすというパターンが身についてしまったのかもしれない。

「そんなに神経質だからいけないのよ」と母にも言われたし、子どもが生まれてからどうしてこんなに神経過敏になってしまったのだろう、と落ち込んでしまうけれど、いろいろなトラブルをこれでもかと経験してしまうと、やっぱり行動に出るより先に、不安を抱えてしまう。かえってそれが苦しみの原因になっているのだとわかってはいるが、その日一日が無事に終わるだけで幸せという小さい夢しかもてなかったのも、その頃の疲れ切っていた私には、一番似合っていた姿かもしれない。そして近未来にやってくるかもしれないまだ見ぬ不安におどおどと怯え、震えて小さくなっていたのかもしれない。

自己改革を試みて、物事をプラスに考える習慣を持つようになると、意欲のひとかけらもなかった私でも、不思議とパワーアップしてきたのか、前向きに考えられるようになってきた。

自分の体にプラスのエネルギーが充満してくると、自分の枠を広げてみたい、こんなに小さく考えていたら、損かもしれない、もっと夢のある楽しい人生を味わってみたいと願えるように成長してきたのである。

しかし、明日のことを考えることでさえもびくびくしていたわけだから、人生設計を立て、夢に向かって前進し、それを実現に導いていくことなんて、並大抵の努力ではできないことだと思っていた。とくに三日坊主がお得意で、人の意見にすぐに惑わされてしまう私には到底無理なことと、半分諦めモードでいた。けれど人生設計ができている人が成功すると聞けば、黙っていられない。何とか楽に願望を達成する方法はないものか、と頭をひねり、色紙に自分の願望を書いて、こうなればいいな、と想像しながら朝晩眺めてみた。すると、馬鹿の一つ覚えのように継続しているうちに、ただ見るだけというあまりにも単純な手抜きの方法にもかかわらず、「あれ！　これも解決している。意外にも、これも満足な結果！」と次から次へと願望や夢が達成しているのに、びっくりしてしまう。けれど、考えてみれば、毎日の買い物だって、まず第一に、冷蔵庫の中身を調べ、次に今日の献立から足りないものをリストアップしてスーパーに行ったほうが、買い忘れもないし、時間だってかなり少なくてすむ。もし今日の献立の一つにポテトサラダがあったとして、その作成中に、「あ、マヨネーズがない！」と騒いだとする。多分、そこから坂を転げ落ちるボールのように問題が発生する。まず一番目の問題点は、誰が買いにいくか、次に夕食の一番いそがしい時だから、時間も迫っていて、夕食の時間は大幅に遅れること。さらに、あわてるから車の鍵がない、とドタバタする。そして、どこのスーパーなら開いているだろうと、家中でもめる。ガタガタして食べはじめる時に電話でもかかってきたら、もう最悪!! 食卓がしらけてしまって、せっかくのポテトサラダも誰も美味しいと言ってくれない。そして究極的には、ストレスの塊のように、私が子どもに当たってしまうのがオチというところだろうか。

自己改革を試みてわかったことの一つに、自分の人生は、毎日のショッピングと同じことかもしれない、ということだ。もし満足する人生を歩んでいきたいと希望するならば、その理想像をリストアップして紙に書き出し、それを頭の中に叩き込んでおけば、大きな落とし穴に落ちることもないだろうし、後悔の念も抱かず、さらに時間的にもたっぷりと余裕をもって人生航路を渡っていけるのではないだろうか。

この色紙療法は、車の中にあるナビゲーターの役割と同じだと思っている。たった一度しかない自分の大切な人生だからこそ、人生の目標をリストアップして、それを色紙に書き出し、毎日朝晩見ることを習慣にしてみる。そしてそれを自分専用のナビゲーターとして、上手に使いこなしていったら、これから先の人生にどんな荒波が発生しようとも、乗り越えていけるだろう。それに、もしリストアップしたものが達成できてしまったら、これは無理だろうなんて考えず、誰にも遠慮せず、どんどん次なる夢を書き出そう。そして誰にも遠慮することなく自分の願望を増やしていき、軌道修正しながら進んでいったら、どんなに見事な花が咲くことだろう。人間の能力には、限りがないという。だからこそもっと願望を大きくして、「自分の人生、よかったね！」と自分にエールを送りながら過ごしていきたいと思っている。

## 色紙療法の方法

### 用意するもの

可愛い色紙（結構ロマンチックな花柄を使っている）

色とりどりのフェルトペン
精神統一できる、静かな場所（私は夜、子どもたちを寝かしつけた後、ベッドの上で書く）

**方法**

1　自分の願望や、夢を明確にする。
2　その願望や、夢をリストアップする。
3　色紙に書く（カラフルに可愛く書いたほうが達成すると思う）。
4　朝晩眺めることを習慣にして、自分の潜在意識に植えつける。
5　願望達成したものは消し、新たな目標を加えるという作業を繰り返す。
6　勇気があれば、トイレにも飾ってみる。
（願望は、多いほど面白い……これは私の感想）
7　ニコニコ笑顔で見ることが必須の条件。

面白い話がある。夜寝る前に、いつもの習慣で、ベッドの上で色紙をにんまり眺

めていた。その時娘がなにを思ったのか横に寄り添ってきて、

「ネー、お母さん、今度のテスト、百点取れた！って書いてくれない？」

と言ってきたので「お安い御用よ！」と早速フェルトペンを持ち出し、色紙に「○○ちゃん、いつも百点でおめでとう！」と書き入れてみた。そんなことはすっかり忘れていた頃、やっぱり潜在意識の威力はすごいのか、それとも母の思いが通じたのか、学校から娘がルンルン気分で飛ぶように帰ってきた。そして、

「このところ、絶好調！」

と、満点、花丸のテスト用紙を差し出し、

「お母さん、あの色紙の効果ってすごいね！　だから注文があるの！　私のために、毎日必ず見てね！」

とお願いされてしまった。

「こんな簡単なことで結果が出るのなら、毎日欠かさず見るね！」

と言葉を返したが、その愛嬌のある注文には家中、大笑いをしてしまったものだ。

家族の者たちも、外では敵と闘って、疲れて足取り重く家に帰ってくる。夫も、子

どもたちも家の団欒《だんらん》を楽しみにがんばっているのがわかるからこそ、せめて母親ができることは、心のつながりを大切にしてあげることだろうと思い、色紙を欠かさず見るのを習慣にしてきた。

子どもも夫も、自分たちのことを心の底から考えてくれる人には心を許すものだと思う。一番最初は、自分が向上すればきっと家族のためにもなるかもしれない、と安易な気持ちではじめた色紙療法は、私ばかりでなく、家族全員にも着実に成果を出しはじめ、それによって細かった絆も太くなり、ニコニコ笑顔のあふれる家庭に変化してくれた。

多分、願望達成の方法はいくらでもあると思うが、この世の中、簡単、お手軽が主流で、難しいことや面倒なこと、時間のかかることは続かない。この色紙を見るという方法は、「見るだけ、そして継続、それもベッドの上で」という簡単さに納得して、私の守護神にした。時間がない、忙しいという人にとっては最適な方法であるし、結果を確実に出せることもわかってきて、いい方法を見つけたものだ、と喜んでいる。

## 感謝の日記をつける

私たちは、一日は二十四時間と教えられてきた。時間で言えば、確かに夜の十二時で今日が終わり、その瞬間に明日がはじまる。けれど心の中にある一日の区切りは、いったいどうなっているのだろう。

もしも今日嫌な体験をしたとして、そのまま翌日を迎えても、心の奥底にはしっかりとその残像があるはずだ。中には一晩寝ればすっかり忘れてしまうという、アッケラカンとしたいい性分の人もいるけれど、本当のところその人だって、嫌な体験は潜在意識に貯蔵され、頭のどこかに必ずこびりついているに違いない。

そしていつか、どこかで、打ち消していかなければ、その嫌な感情は、マイナス思考として増えることはあっても、絶対にプラスに変換することはなく、ずっと潜在意識に貯蔵されたまま、どんどん増幅していくに違いない。

それにまた、何かで、同じ嫌な問題を経験すると、ヒョイッと、以前のマイナスの情報が潜在意識から飛び出し、思い出させ、それを味わって、また落ち込んでしまう。そういった体験を、何度も何度も繰り返すことによって、さらに強烈なマイナスの感情として刻印されるのかもしれない。

いい例が母親の怒りではないかと思う。私は何度も失敗してしまったが、たとえば、子どもが朝起きなくて遅刻をしたとする。母親はその遅刻という現象を見て頭に血が上り、子どもの言い訳も聞かずに、昨日は夜遅くまでゲームをしていたから遅刻をしたのではないか、とか漫画を読んでいたから遅刻をしたのではないかなど、過去にあった出来事から憶測して、子どもを責めまくる。そして、昨日のことだけでは収まらず、一カ月前の失敗も、一年前の失敗も、まるで今ここであった失敗のようにくどくどと責める。今日、このことだけ責められれば、子どもだってわかるはずだし、適度の喧嘩で終わるはずなのに、こんなに過去の出来事を引っ張り出してきて言い続けられたら、拷問のようでたまったものではないだろう。それに子どもだって今日これからはじまる一日に対しての意欲もなくなってしまうはずだ。そして母親の怒鳴り声から、マイナス思考を学習してしまい、「これでは何を言ってもダメだー」とばかりに、黙秘権を使うようになるだろうし、家庭から逃避するかもしれない。そして母親の人間性のレベルの低さに、「風呂、飯」と語彙《ごい》の少ない、つまり会話を求めない世界に入ってしまうのかもしれない。

実はこれは以前の私の姿である。何かに怒りを感じると、そのことだけに収まらず、小言百万陀羅で子どもを責めまくった覚えがある。とくに今、子どもがクラスでどのくらいの位置にいるか、また学校の勉強は理解ができているかなど気になって仕方がなく、テストの点数に関しては、居ても立ってもいられないほど心配で、もし出来が悪ければ、鬼のように怒った覚えもある。そしてその結果、子どもはどんどん勉強が嫌いになっていった、という事実だけ残った。

自分の感情を抑えきれないために起こるトラブル、その悪循環を繰り返していると、子どもとの気持ちがどんどん離れていくのを感じる。これを何度も繰り返すことによって、よけいに子どものやる気を失わせることに気がつき、何とか自分との対話が上手にできないものか、と考えた。

そしてこれまでの「今日もうまくいかない、子どもは思うようには育っていない」というマイナスに凝り固まった考えでベッドに入り、暗い気持ちで翌日を迎えるのをやめてみよう、と考えた。

どんなに嫌な日であったとしても、どんなに落ち込んだ日であったとしても、その日のうちにその日の出来事を良かったと終わりにすれば、次の日まで持ち越さないのではないか、とも思った。どうやら潜在意識は夜の世界が大好きなようで、マイナスの感情を入れたまま眠りにつくと、まるでアメーバのように増幅していく。もしどんどん増えていけば、私はマイナスあふれる泥沼の中で溺れ死んでしまうだろう。そして助けを求めた時には、もう家族はバラバラで、家庭崩壊を絵に描いたような最悪の状態になってしまうかもしれない。

だから、どんな嫌なことがあったとしても、家庭内にイザコザがあったとしても、「今日は、すべてがよかった。今日一日順調だった。ありがとう」と感謝の日記をつけることに決めた。とにかく、何事もよかったこととして今日中に決着をつけてしまおうと思い、ひたすら書き続けてみると、この効果もすごいもので、まず、第一に、よく眠れる。第二に、朝の目覚めがとてもいい。第三に、体の調子がよくなってきて風邪も引かない。このように、よいことが、相乗効果のようにいくつも現れてきた。そして継続し続けることによって、波風の立っていた家庭は穏やかになりはじめ、それに付随して子どもの成績はまったくといっていいほど気にもならなくなってきた。もしかしたら、感謝の日記を書き続けたことは、子どもたちにとっても最もよい効果があったのかもしれない。たぶん、十年間は続けた記憶がある。淡々と書き続けていたけれど、この感謝の日記に書いた私の想いが宇宙の彼方まで伝わり、私と私の家族にも心の安らぎとして返してくれたのかもしれない。

## イメージトレーニングでストレス解消

昔から、世界で偉業を成し遂げた人たちは、瞑想の経験をもつ人が多いそうだ。「瞑想」という言葉からすると、俗世界から離れて座禅を組み、そして目をつぶって頭の中をカラにする。そして彼らは、自分の願望をじっくりと心の中に描き実現に導いているに違いない。私とは別の世界に住む人の話。そんな難しい感じがしていて、三人の子持ちで時間に追われ、騒々しい生活を余儀なくされている私にはできないことだと思い続けていた。ところが、瞑想とスポーツ選手がやっているというイメージトレーニングとは同じ意味合いをもつものであることを知り、「ひょっとして三人の子どもと仕事の両方に追われ、我を忘れる生活をしている私にだってできないことではないかもしれない」と、もともと持っている野次馬根性に火がついて、本を読みあさり、とうとうイメージトレーニングのすごさにはまってしまった。

長野オリンピック（一九九八年二月）の頃、イメージトレーニングの本が書店に所狭しと並んでいて、こんなに並ぶくらいだからイメージの力は想像を絶するほどすごいに違いないとも思ったし、それらの本を読むたびに、人間の脳の凄さに「ワーすごい世界があるものだ」とびっくりし、もし、自分の脳裏の細部にわたって自由自在にイメージを描くことができるならば、私の悩んでいる問題なんか、イメージの世界を使えば簡単に解決できるに違いない。それに精神統一にもなるというから、イライラしっぱなしの私にとって最適の方法だと思った。とくに自分の感情のコントロールが上手になれば、些細なことが気にならなくなるから親子関係がうまく運び、母親の達人だって目指すこともできるかもしれない。とにかく、そんないい方法であるならば、やらねば損である。

スポーツ選手はイメージトレーニングで自分の精神状態を安定させ、精神統一を図り、そうすることによってプレッシャーに強くなって試合に臨めるのだそうだ。母親だって同じこと。毎日山のように襲ってくるストレスに、ものの見事に対処できるようになるかもしれないし、子どもの成績のよし悪しや、世の母親連中の噂話、夫の無言の圧力などから一方的に受けてしまう数々のプレッシャーを、いとも簡単にはねのけることができるようになれば、可愛い子どもたちに、まるで憂さ晴らしのように文句をタラタラ言わなくてもすむかもしれない。それにこの不安定な精神状態に疲れきっていて、なかなかプラス思考に変えられないで悩んでいる私にもいいかもしれない、と一時期凝ってやってみたことがある。

私のイメージトレーニングの例を一つ挙げてみるならば、息子が入りたい大学、それも一流の大学があった。競争倍率もかなり高いし、彼が合格するのは、なかなか難しそう。けれども彼が希望するのだから、なんとか協力してあげねばならないと思った。母親としてできることは、彼がその大学に合格していることを脳裏に植えつけることだと思い、三週間ほど時間を見つけてはイメージトレーニングをやってみた。そのうちに彼が楽しそうに話しながら、級友と学内を歩いている姿が見えはじめた。そして彼はとうとう合格したのである。

この結果にうれしくなった私は、その後も凝りまくり、いくつかの自分専用のイメージトレーニングのテープをつくり、色々な目的に応じて活用している。

ひょっとして私は、自分が一番可愛いのかもしれない、と思うことがある。だから自分がいかにしたら達成するか、いかに幸せな状態を保っていられるかを考えて、いろいろなことをやるのかもしれない。けれど、どんな理由をつけたところで、その家の土台を支える母親が幸せでなければ、健康でなければ、そして徹底的な肯定的思考の持ち主でなければ、そして思いやりがなければ家族は幸せにはならないのではないか、と現在の私にはそう言うことができる。だから一番可愛い自分を大切にして、さらに家族の幸せを願ってひそかにイメージトレーニングに励むのである。

## 百瀬流、ストレスを取るイメージ療法

どうしても疲れが取れない時には、次のように吹き込んだテープを使ってストレスを発散させている。

さあ、軽く目を閉じてゆっくりと、大きく深呼吸をしましょう。

さらにもう一度大きく深呼吸をしながら、体の力を抜いていきましょう。

もう一度、ゆっくり深呼吸をします。だんだんと体中の力が抜けていき、リラックスしていくのが感じられます。心も落ち着いてきました。それでは、あなたのまぶたの裏に、白い大きなスクリーンを思い描いてみましょう。見えなくても、あせ

らなくていいですよ。ゆっくりと待ってみましょう。ほら、白いスクリーンが見えてきました。これから、このスクリーンに自分の望みの姿を映し出します。

日曜日の朝です。あなたはゆっくりとベッドから出て窓を開けてみました。すると、すがすがしい秋の空がいっぱいに広がっています。あなたはその空を見ているうちに、今日は、山あいにあるひなびた温泉宿に行って、一人露天風呂で体中についている疲れを取りたいと思いました。あなたは、肩や背中についている重い荷物を家に置いて、一人、車に乗ります。そして二時間くらい行ったところにある露天風呂に行って、今日一日たった一人の時間を十分に楽しみましょう。

高速道路に乗りました。窓の外では秋の空がみごとに広がっています。山々も、紅葉で色づいて、とてもきれい。空を飛び交う鳥たちも、自然を十分に謳歌して生きていることを楽しんでいるようです。向こうに湖も見えます。そこからは、子どもたちの歓声も聞こえ、のどかな秋の日のようです。

あなたはパーキングエリアで少し休み、好きなコーヒーを飲んだり、車の中で好きな音楽を聴いたりしながら、久しぶりのドライブを楽しみましょう。二時間ほど走り高速を下ります。そして山あいの道をどんどんと進んでいきます。すると、鳥の鳴き声と、川のせせらぎの音が聞こえてきました。あなたはその川の横にある温泉宿の前で車を止めて、「ゆ」と書いてあるのれんを上げます。そしていつものように誰もいない露天風呂に行って、洋服を脱ぎましょう。それからゆっくりと足をお風呂に入れます。とても温かい。手も入れましょう。手もとてもとても温かい。手もとても温かい。おなかも入れてみます。おなかが温かい、とてもとても温かい。ふーっと深い呼吸ができました。手を伸ばしてみます。誰にも当たらない。足を伸ばしてみます。誰にも触らない。あなたは広いお風呂で誰にも邪魔されず、十分にゆったりとすることができたのです。

窓ガラスを通して、太陽の光が差し込んできます。コスモスの花も咲き乱れ、秋の終わりを告げるのか、赤トンボも飛んでいます。とてもいい休日です。

さあ、体中がホカホカになってきました。そして心の底につかえていたわだかまりも溶けて消えていったようです。また疲れがたまってきたら、この温泉に入りにきましょう。さあ洋服を着ます。そして高速に乗っていつもの道を帰りましょう。

私が十数えます。数え終わったら、あなたはゆっくりと目を開けます。さあ数えます。一、二、三……八、九、十。さあ目を開けましょう。とても気持ちがいいです。

# 第三章　家族の健康を守るために

## 子どもの健康

母親にとって一番の心配事は、子どもたちの病気や突然のケガである。とにかく子どもが小さい頃は、病気やケガなど、健康面での心配が多い。突然夜中に泣き出すから、額に触ってみるとヤケに熱い。体温計で計ってみると、三十九度以上もあり、びっくりしてあわてふためいて救急病院に駆けつけたこともあったし、保育園で感染する病気がはやっていると、いち早くそれを貰ってくる。そしてそれを家中にばら撒いてもくれる。ある時は滑り台から落ちて骨折したり、転んで膝をすりむいてそれが結構大きなケガだったり、と心が休む間もなく病院のお世話になるから、年がら年中、一時として安心していられない。それに子どもはちょっと目を離すと、とんでもないことをしでかしてくれる。

長女が幼い頃の出来事だけれど、父の長火鉢で一人静かに遊んでいると思っていたが、ふと気がついたら、長女の目が開かなくなっている。どうも両方の目の中に長火鉢の灰が入ってしまったようだ。怪談に登場するお岩さんのように目がはれていて、目を洗ってもよけいに痛がるだけで手のつけようもない。その時は気が動転しあわてふためいて病院という病院に電話をかけまくり、その挙げ句、車の鍵もどこかに置き忘れ、財布も忘れ、タクシーを飛ばした覚えもある。それに一人の子がなぜか突然一週間以上も便秘になってしまい、苦しんでいるのをみかね、医師に浣腸してもらいにいったり、風邪を引くとすぐに喘息を起こす子もいて、夜中に点滴をしにいったり、とにかく三人いると、ある日突然、それも突拍子もないことをやってくれるから、本当にハラハラドキドキで気持ちが休まる暇もなかった。そしてそのつど、深夜の時間にもかかわらず、かかりつけの先生のところに飛んでいって診察してもらい、「お母さん、三人いれば、仕方がないよ。もう少しの辛抱だよ」と言われたのを覚えている。

三人の子どもがいて、子育てに追われ、ただでさえ忙しいのに、欲張って仕事をもっている私にとって、家族全員が健康で、無事に一日を終えてくれるのが、何よりありがたいことである。朝起きて、もし子どもの一人が具合が悪かろうものなら、なにをおいても、まず病院に飛んでいって診てもらい、つきっきりで看病しなければいけないし、もし誰か一人が風邪っぽくて微熱があって、それでも子どもの希望もあり学校に行ってくれたとしても、当の本人も辛いだろうが、母親である私は、そのことが一日中頭から離れず、気にかかって仕事が手につかない。

私の場合、夫と2人の自営業だから何とか融通がつくけれど、会社に勤めているお母さんは、子どもの具合で仕事を仕方なく休まざるを得なかったり、保育園から子どもを迎えにきてください、なんて電話がかかって早退したり、朝、子どもの突然の発熱で病院に行かなければならなくなったりなどで、遅刻が度重なるなんてことがあるだろう。そんな時、世の中には、仕事をする人はいくらでもいるとばかりに「もうそろそろ考えてね」なんてやりがいのない部署に移されることもあるかもしれないし、このセチガライご時世に、「やっぱり女性はダメなんだ！」とばかりに視線が合うたび上司からネチネチと嫌みを言われて、居心地が悪くなり結局のところ、辞めざるを得なくなるかもしれない。

何の取りえもないけれど、負けん気の強さと、がんばり屋が自慢の私でも、子どもの病気のことで、何度か仕事を辞めようとした時がある。一番最悪だったのは、なんと一カ月の間に、三人が交替に高熱を出し、吐いたり下痢をしたりする始末の悪い風邪にかかってくれ、さらにご丁寧にも、もう一周、家の中を回り始めた時には、いささか私もあ然として、もうやけくそ。ついにお手上げ状態になってしまった。寝ずの看病にも疲れ果てたし、毎日の病院通いにもうんざりした。それに、毎日の病院通いで食事をつくる元気もうせ、口に入ればなんでもいいとばかりに、子どもの食事は栄養価なんて考えもせず簡単にすませてしまう始末。それに、私以外に掃除する人は誰もいないから、家中、散らかって足の踏み場もないほどだ。私は看病疲れと寝不足が重なって、精神が不安定になり、目の周りにクマができるし、髪の毛もバサバサと抜け落ちる。鏡の中をのぞくと、まるで疲れきったお母さんパンダのようになってしまった。

こんなことを続けていたら、子育ても、家庭も、私の体も、そして仕事も全部駄目になるのはわかりきっているから、この際、仕事はすべて白紙に戻そう、それに毎日不安を抱えて暮らしていくのはどんなものだろう。そう思って一度は覚悟を決めてみた。

辞めようか、どうしようかと思案を繰り返していたが、自分の仕事を捨てるだけの勇気もなく、これから私の働き分のお金がなくなったらどうしようと思うと、なかなか心が決まらない。今は、毎日が家事・育児に追われて、右も左も、何が何だかわからないくらい追いたてられているけれど、子どもたちも日々、確実に成長している。

子どもたちも、いつかはきっと私から離れて独立していき、「お母さんは、自分のことだけをしていれば?」なんて言われる時は必ず来るだろうし、それに私自身、ずっと前から「○○ちゃんのお母さん」とか、「○○さんの奥さん」と呼ばれるのはコソバユイ感じがしていた。なんだか、本来の自分でないようで嫌だし、それに他人のようで照れくさいし、そしてまた主婦や妻の役を彼らに褒められるほど完璧にこなしていないズボラな性格だからこそ、そう呼ばれると、穴があったら入りたくなる。

それに、私には親が考え抜いてつけてくれた大切な名前があるのだから、子どもの手が離れたら、自分の得意分野を見つけ、頑張って力をつけて、自分の名前で勝負できる人間になるのが夢だった。けれど、そんな夢みたいなことを白昼夢のように描いていても、三人の子育ての最中は、自分のやりたいことはいつでも後回しで、半分諦め、もうどうでもいい状態。だから、やることなすこと中途半端で、いつも消化不良を起こしている感じがしていた。

けれど、もし何がなんでもやりたいと切望する自分の願望や目標があったとしても、子どもを産んでしまった以上、我を張って自分の主張だけを通すわけにはいかない。そんなわがまま勝手なことばかりしていたら、せっかくゲットした夫とは即離婚なんてことにもなりかねないし、将来に大きな夢を描いて産んだ子どもたちだって、家庭不和をみているうちに心を病んで、気がついたら非行に走っているということもあり得る。けれど、いつか、子どもたちの手が離れたら、自分のやりたかったことを思う存分やってみて、自分の力をためしたい。生涯、「○○ちゃんたちのお母さん」で終わるなんてことは、私は毛頭考えてもいないのだ。

三人の子どもを育て上げるには、これから先、いったいどれくらいのお金がかかるのだろうと考えると、ぞうっと身震いしてしまう。私の母親のころは質素倹約、食料は自給自足の時代だから、お金がそんなになくても生きていけたし、学歴がなくとも、それですんだけれど、今は時代が違う。せめて教育だけはしっかりと受けさせてあげねば、と思うが、三人とも大学まで出すにはいったいどれくらいのお金がかかるというのだろう。それに子どもの将来を考えると、教育にかけるお金は先行投資のようなもので、何があっても絶対削るわけにはいかない。もちろん子どもだって、家にいるよりは学校に行って学びたいだろうし、友達もつくりたいだろう。

なんといっても、生きていくためにお金は必要不可欠なものだから、これから三人を大学に送り込むことを考えても、子どもの教育費くらいは自分で稼ぎだせるようになりたいし、時には、ちょっと素敵なセーターがあったら夫に気兼ねなく、ポンと買いたいし、たまには夫とデートして、レストランで優雅にお食事でもしたいものだ。とにかく我が家の経済状態を考えても、自分の仕事を維持していかなければ、これから先に不安を感じてしまう。そんな欲張りな考えの中では、家族が全員健康であることが必須の条件である。だからどうやったら、家族の健康を守っていけるのか、といつも思案していた。

## おばあちゃんの知恵袋

結婚当初は、夫の両親と、その上の代のおばあさんもいる、という大家族で暮らしていた。その地方の伝統は何があっても守り通すといった家風で、古い風習やしきたりが多くあり、礼儀もよく知らない私は、なかなかそれに馴染めなかったし、どう振る舞っていいかわからず、小さくなって暮らしていた。さらに、嫁というものは、舅にはなにがあっても逆らってはならぬ、といった家父長制度が根強く残っている家で、舅は絶対的な権威を持っていた。何事も彼の鶴の一声で決まっていたし、それに、彼に一つの文句も言わずに従っていくのが、その家でうまくやっていく秘訣でもあった。舅にしてみれば、礼儀も知らず、西洋かぶれの若い嫁の一挙一動がいつも気になるらしく、少しでも彼の意に反すると、逐一小言をいただき、まるで針の筵《むしろ》に座らされている思いをしたものだ。

孫が生まれると、可愛さのあまり、自分の経験を引っ張り出してきて、「今の若い者たちは、なっていない。昔はこうだった」と、口を酸っぱくして言ってくる。彼らにしてみれば、目に入れても痛くないほどの可愛い初孫であり、親切のつもりで助言してくれているのはよくわかっているつもりだ。しかし子どもが生まれて、神経質にあたふたと飛び回っている若い者が頼りなく見えるのか、自分たちの経験を押しつけ、孫の行動の一つ一つにいちいち世話を焼いてくる。昔の考えも聞いてやらねばとは思うが、ああだ、こうだと否定的な言葉で世話を焼かれると、ただでさえ情緒不安定なのにさらに不安を増して、息も詰まってくるから、育児書頼りの私となかなか考えが合わず、同居は難しいなーと考え込んでしまったこともある。

約五年間は同じ屋根の下に暮らしていたけれど、やはり、お互いに歩み寄りができず、結局別の所帯を構えることになった。とはいえ、価値観がまったく違うし、古い考えを押しつけてくるから、やり切れない思いはあったけれど、「困った時の神頼み」のように、時には彼らの知恵の深さには驚いたことがいっぱいある。

長女が二歳半くらいの頃である。三十九度の高い熱が一週間ほど続き、もし明日も同様であれば即入院と医師から言われ、「どうしよう」と、しおれて家に帰ってきたところ、姑たちは「今の若いものは、なっておらん。こんな幼い子に注射をして！」と私を叱りつけ、病院に行って薬を飲んだり、注射をするだけが治る方法ではない、と言い切った。そして「さあ我々の出番」とばかりに、鯉を一匹買ってきて頭を落とし、その生き血を杯一杯、泣いて嫌がる孫に無理やり飲ませたのである。

初めての光景に、ただおろおろして様子を見ているだけの私に、「何をしているの！早く擂《す》り鉢と擂《す》り粉木《こぎ》を用意しなさい」と怒鳴りつけ、まな板の上で鯉の身も骨も叩き潰したものを擂り鉢の中に入れ、擂り粉木で擂らせた。そして、そのぐちゃぐちゃになったものをネルの上に延ばして娘の胸と背中に貼り、もれないように、ラップで巻いてくれた。さらに鯉の鱗をはがしたものを、足の裏にペタペタと貼りつけた。

娘の熱が下がらないのに、ただうろうろと歩き回り、おろおろしているばかりの新米ママは、この訳のわからない民間療法を、茫然と眺めるだけだった。ところが驚くことに、何回もの注射でも下がらなかった熱が、少しずつ下がってきたのである。そしてその晩、一週間ぶりに娘に笑顔が戻り、我が家の騒動も一件落着したのである。

この様子を見て、びっくりしたのは、この私。それまでは、なんだかんだと子育てに口を出してくる姑を、はっきり言って迷惑な存在だと思っていた。触らぬ神にたたりなし、なるべくなら接点を持たないほうが、我が子、我が身のためと、極力避けて通ってきたが、娘のこの回復ぶりに、昔からのおばあちゃんの知恵、民間療法の威力を、まざまざと見せつけられたような気がした。西洋医学が発達する前の人々は、自分の身近にあるもので、病気やケガに対処していく方法をあみ出し、代々伝えてきた。それは、人間が月まで飛ぶ現代になっても健在である。「自分の病気は自分の責任、自分で治す」と言い切れる力強さや知恵の豊富さには、ただ驚くばかりである。

その時は必死の思いで彼らの行動を見つめていたが、一段落したあとの鯉の魚臭さといったら……ものすごかった。いまだに覚えているくらいだから、相当なものだったと思う。六月のことだったので、部屋の窓を全開にできたからよかったものの、あの魚臭さが何日も部屋の中に染みついて抜けていかないのには閉口した。また鯉の頭を出刃包丁で切り落とすなどの荒々しい業は、目を背けてしまうほどだったけれど、結果よければすべてよしで、こんなに短期間で元気を取り戻した娘を見て、それ以来、姑の知恵袋にしっかりとはまってしまったのである。

もし、風邪を引いたり、突然の発熱があれば、まず、おばあちゃんの知恵袋を開け、試してみる。そしてそれでも問題が解決しないようだったら、病院に行くというように、沈着冷静に考えられるようになってきた。これも私にとっては進歩だったのである。

# わが家の秘伝おばあちゃんの知恵袋

## 1　風邪の引き始め

茶碗にショウガを適量すりおろし、ハチミツも適量入れ、熱湯を注ぎ込んでフウフウ言いながら飲む。

梅干を黒焼きにして、熱い番茶に入れて飲む。

干ししいたけを二、三枚水に戻し、その煮汁を煮詰め、昔ながらの醸造醤油を一滴たらして飲む。

## 2 喉が痛い時

大根あめ　大根は新鮮なものを買い求め、よく洗う。皮のついたまま乱切りにして容器に入れ、ヒタヒタになるくらいハチミツ、または水あめを入れる。二、三日して大根を取り出し、その汁をスプーン大さじ一杯くらい飲む。

## 3 便秘には

天然塩を一つまみ、浄水した水の中に入れ、よくかき回して飲む（飲むのは朝がいいと思う）。

## 4 だるくてやる気がない時

便秘と同じ。

## 5　熱がある時

豆腐をラップ（？）につつみ額に載せる。

キャベツの葉一枚を頭にかぶる。

## 6　トゲが刺さった時

梅干しを貼る。


長女が庭で転んで膝にかすり傷をつくり泣いていると、姑は娘の膝を水できれいに洗い、庭に生えているニラを数本とり、水できれいに洗い、塩でもんだものを貼った。そして、

「これで治るよ。痛いの、痛いの飛んで行け！　チチンプイプイ！」

とおまじないを言って傷の手当てをしてくれた。翌日娘は膝が痛いのも忘れ、遊びに夢中になっていたことを思い出す。

風邪を引けば薬、ケガをすると病院……と育てられた私にとって、このような信じ難い民間療法とは、まったく縁がなかったから、もしこの知恵を知らず、子ども

たちが病気になったら、薬がない心配であわてふためいて病院に飛んでいったことだろう。

結婚当初は、あまりの考え方の違いに時代の相違を感じて、一緒に暮らしていくことはとても疲れることだと思っていたが、彼らの健康管理の仕方には、昔の人々の生きた知恵はすごいなあ、と感心してしまう。そして自分の自己治癒能力を信じて、薬は害、薬は必要なしと言いきるし、彼らの自信と体力、そして自己管理を目の前で実証されると「なるほど、これは、知っていたほうがお得」と彼らの知恵袋の深さとグレードの高さに驚嘆してしまうのである。

もちろん民間療法がすべての病気を治す方法であるとは思っていないが、とにかく三人子どもがいれば、お腹が痛いだの、風邪っぽいだの、いろいろ言ってくれて気持ちが疲れてしまうけれど、この知恵袋を活用することで少しのことでは大騒ぎをしなくなったのも事実である。それに、子どもたちにも小さい頃から、なるべく薬に頼らず自分の力で治すことが必要だと教えてきたためか、彼らたちもそれなりにわかっているらしく、どこか具合が悪いと「どうすればいいの?」と民間療法を聞いてくる。

今ではこれらが、孫の代まで家伝として伝わっていけばいいなと思っている次第である。

## 我が家の健康食品　ニンニク丸

子どもたちには、学校の成績が優秀であってほしいとか、将来、世の中で活躍してほしいとか、一生順調に生きていってほしいとか、言い出せばきりがないほど願望はあるけれど、私自身については、何が一番の望みかと聞かれれば「一生涯健康であってほしい」ということである。それに「家族全員の輝ける健康の維持」が一番の願望と言える。この荒々しい世の中を渡っていくのだから、お金がない時でも、健康さえあればなんとか食べていかれるだろうし、それに健康が崩れれば、やりたいこともできなくなり、これからの夢も希望も消えていってしまうだろうと思っているから、何があっても一番に「どうやったら健康でいられるか」を考えている。もしかしたら、健康オタク族に属するかもしれないと人に笑われるほど、家族が健康になることには、結構気を遣ってきたつもりである。

今は健康に対する情報も多いし、それに、メディアを通してあの商品がいいとか、これは絶対すごいとか耳にするにつけ、結構見たもののほしさで購買意欲もそそられる。しかし、比較的値段の高いものもあり、それに継続して用いないと、効果もないとのこと。なにせ、限りのある家計ゆえに、しっかりと考えて購入しないと、我が家の経済を破綻に導いてもいけないと思うし、財布の中身を心配しながら買い求めてみたところで、そのほうが精神的にダメージを受けてしまうかもしれないと思い、たびたびの誘惑もふりきり、指をくわえて見ていたのである。一度は思いきって買ってみたが、やっぱり、冷蔵庫の中の干からびた塩辛のように、賞味期限を過ぎて残ってしまい、自分のもともと持っている貧乏性ゆえに「ああもったいない」と捨てるに捨てられなかった思い出もある。それなら、いっそのこと自分で作ってしまおう。そのほうが安いし、原材料も選べる。それに、自分の作品だから愛着も湧いてきて、冷蔵庫の隅には置いておかないだろう、とばかりにお手製の健康食品を作ってみた。

## ニンニク丸の作り方

### 用意するもの

ニンニク五〇〇グラム
有精卵三個
ミキサー、土鍋、擂り鉢　擂り粉木

### 作り方

1　ニンニクの皮を剝き、きれいに洗う。
2　有精卵を三個割り、黄身だけを取り出す。
3　ミキサーに、ニンニクと黄身三個分を入れ、ドロドロになるまで攪拌《かくはん》する。
（水は一滴も使わない。）

4　土鍋に3を入れ、焦がさないようにトロ火でゆっくりと水分を取っていく。

5　水分がなくなって、硬くなってきたら、擂り鉢に移し、天日に干す。毎日のように、太陽の光に当てて乾かしながら、擂り粉木で擂って粉のようにしていく。サラサラした粉のようになってきたら、瓶に入れて冷蔵庫で保存する（または、硬くなってきたものを、錠剤のように丸く固めて干してもいい）。

6　それをオブラートに包み、一日二回くらい飲む。または、家族の健康維持のために味噌汁に入れたり、料理に使ったりして（それも内緒で）、家族もろとも健康にする。

　ニンニクを食べると風邪を引かないとか、餃子にニンニクをたっぷり入れるのが健康を保つ秘訣と聞いたことがある。けれどニンニクの臭さに圧倒されてしまい、調理をためらっていた。けれど、このようにすると、臭さを感じないし、色々な方法で使うことができて、とても重宝した。その後も健康を促進するため、といろいろなことに手を出してみたが、結局、このニンニク丸だけは、つくるのは面倒だけれど、お金がかからないという経済性や、黙って家族を健康に導いていくというメリットに納得して、長い間愛用した。

## 冷えが原因

私が高校生のころ「女の尻は土用三日しか温かくない」、とか「女の人は体が温かいと、玉の輿にのれるよ。運のいい男と巡り合うんだよ。まあ体の冷たい女は陰気でいけない。とにかく体は絶対に冷やしてはいけない」と、世間の荒波を渡ってきた叔母たちは、冷え性で悩んでいる私の将来が気になるのか、顔を見るたびに口癖のように言ってくる。私も中年の域に達してくると、ようやくその忠告は「なるほど、その通りだ」と思えるようになってきたけれど、若かりし頃は、叔母たちの忠告がなかなか素直に聞けなかった。

私の将来のことを思って言ってくれるのは有り難かったけれど、思春期の頃は、人に何と言われようとも、自分のやりたいことを通したいものだ。だから、寒さなんて関係ないとばかりに、超ミニスカートを穿《は》きたがったり、寒いにもかかわらず、コートを着なかったりして随分と顰蹙《ひんしゅく》を買っていた。

私が高校生の頃は、近くに住む世話焼きのおばさんたちが、自分の子どもでもないのに心配してくれて、「そんな寒い格好をしていると、体を冷やすよ」と口うるさく世話を焼かれたのを覚えているし、そのつど、「そんなに薄着をしたら、将来子どもが産めないよ」とおどかされたり、「毒っぽい体質だから、これをお風呂に入れなさい」とわざわざドクダミの乾燥させたものや、大根の葉を干したものをサラシの袋に入れて持ってきてくれたものだ。それに、「便秘」と一言でも言おうものなら、「あんたの胃腸が冷え切っているのさ。冷たいものは絶対に飲んではいけないよ」と、母親よりきびしく、かつ姑根性丸出しのようにいちいち世話を焼かれたものだ。考えてみると、近頃はお隣さんともめったに話すことがないのが当たり前の時代。三十年前は「人間皆友達」で、ご近所一丸となって子どもを育ててくれたから、「あの頃は人間味あふれる古きよき時代だったなあ」と懐かしくなる。

私自身は、そんなに体が弱いほうだとは思ってもいなかったが、それでも毎月の生理では必ず腰が重かったり、お腹が痛かったりするから、その時はとても気持ちが憂鬱になり、女ってどうしてこんなに面倒なものだろう、と思っていた。民間療法にたけている近所のおばさんいわく、体に冷えをもっていると、子宮に十分に血液が行き届かず、それが生理痛の原因になるのだそうだ。

彼女らの日常の生活を思い起こしてみると、本当に体を冷やさないような習慣を守っていたという記憶がある。たとえば、夏の暑いさなかでも、冷たいソーメンは胃腸のためにならないと、わざわざ熱い汁に入れてすすっていたし、夏の一番暑い時でも、自然の風が一番いい、と扇風機は決して使わないし、それに「汗をかくのが一番の健康法」と梅干し入りの熱い番茶をさもおいしそうに、フーフーいいながら飲んでいたのを思い出す。

私の知っている限りのお年寄りたちは、「自分の健康は自分で守る」と言い切るだけあって、まるで大木が枯れるように天寿をまっとうして亡くなっているが、亡くなるその日まで元気にがんばっていた。それに、病で床に伏せて、家族の者たちを困らせることもなく、年老いても明るく楽しく生きていた姿をいつも見ていたから、彼らのその背筋がシャンとした姿がとても印象に残っている。それにしても彼らの健康に対する知恵の深さは国宝級のものだと感心してしまうし、それとともにお手軽、簡単、便利に慣れて育った今の若い人たちには、彼らの生活習慣を真似することは、到底無理かなあと思ってしまう。

私も両親の保護のもとにいた時は規則正しい食生活ができていたが、親の監視の目を離れて一人都会に出てみると、これが本当に気楽。ある程度の礼節を守れば、何時に起きようが、何をしようが、誰にも怒られない。それに何を食べても文句を言われないので、思う存分自由気ままを味わってしまった。その頃を振り返ってみれば、自由を履き違えていたと深く反省する。一人暮らしの気ままさから、お腹がいっぱいになれば何を食べても変わらないとばかりに、ファーストフードをはじめ、ジャンクフードなどケミカルな味に慣れ親しんでしまったし、無鉄砲な若気のいたりか、そんなに太ってもいないのに、食事制限つきのダイエットにも興味をもってしまった。

何はさておき、食生活が一番大切と言い切る母親が、わが子のあまりにもひどい食事内容の現状を知ったら、「もう学業はどうでもいいから、実家に帰りなさい」と強制的に荷物を送り返されたかもしれない。

独身時代は、そんないい加減にしていても何でもなかったけれど、元々の冷え性に加えて、この恐ろしい食生活のツケが、出産後に回ってきてしまった。産後の虚脱感、倦怠感、時には、なかなか治りにくい風邪など、不定愁訴という病名もつかない病魔に取りつかれたこともある。それにうまく体を使いこなさなければ、雑務が終わらない家事、育児に、まったくといっていいほど対応できない体になってしまったのである。

それにしても、世の中には、パワー全開の元気あふれる母親がたくさんいる。丈夫だけが取りえという、健康そのものの母親もいれば、世の中のパワーは全部吸い取ってしまうほどよくしゃべり、よく笑い、よく食べるお母さんもいる。それにどんなに働いても体は壊れないという、肝っ玉母さんにもお目にかかる。

子どもを産んだ責任上、「私は虚弱体質なの」なんて甘っちょろいことを言ってはいられないし、それに、「今日も具合が悪いの。ごめんなさい。寝かせてもらうわ」

などと自分中心主義の勝手なことばかり言っていたら、家族の者からそれこそうるさいほどのブーイングがくる。私も、心身ともにタフな彼らを見習って、前進あるのみ、後退は絶対しないと言い切れる力強い母親を目指してがんばっていこう。そしてどんな嵐がやってきても、「ドンマイ、ドンマイ」と軽くあしらえる母親になろう、と心に決めた。

それにしっかりした姑は「家の隆盛は、すべて女の肩にかかっている」と口を酸っぱくして跡継ぎの嫁に言ってきたし、それにいまさら「すみません。できませんでした。やっぱり私は弱かった」としおらしく泣きながら、むざむざと引き下がるほど、決して心の弱い私ではない。

とにかく、健康に自信がないこの私が、すべての元凶なのだから、この際、しっかりと自分を見直して、この虚弱体質を変えていこう、と決心をした。

## 冷え体質を変える

家の中に一人でも病人がいれば、家の中は暗くなる。とくにその家の太陽である母親が病弱だと、家を切り盛りする人がいないわけだから、当然のこと、家庭の中がうまく回っていくはずがない。

「女次第で蔵が建つ」、とか「女の器の大きさで、家の明暗が決まる。お前さんもそんな女におなり」「男の出世は、女の腕次第」などの言葉をよく聞かされて育ってきた。昔の女は男の運を上げるノウハウを知っていて、孫悟空を手のひらの上で泳がせたお釈迦様のように、山内一豊《やまのうちかずとよ》の妻のように、頭脳と知恵を使いこなして、世の中で力を発揮できる男を育て上げるのが女の使命と思い、何をおいても陰から声援の旗を振り続けたのだろう。それに、昔は、男の権力が支配的であった時代で、女には地位も名誉も金も、何もかも自由にはならなかったように思われているふしがあるけれど、昔の宮廷にも、どろどろした女の世界が存在していたし、現在でも何か事件が発覚すると「事件の陰に女あり」と女の力の恐ろしさを見せつけられる。

だから、表面的には男が権力を握っていたかのように錯覚するが、根底で踏ん張って支えていたのは女であるし、この世の一番の実力者、一番権力を握っていたのは女であることは歴史をひもといてもわかるはずだ。それに、「人の寄りの多い家ほど、家栄える」と言われるように、元気がない陰気な母親よりも、元気で太っ腹の母親のほうが、人だって気楽に寄ってくる。さらに今風に言うならば、「人間の能力×性格×体力＝人生の実績」として表現されるそうだ。だったら健康で、元気で、やる気に満ちて、協調性のある、人間味のある、太っ腹の女にならねば、やっぱり損というものかもしれない。そんなことを聞きかじってしまうと、体の奥底から、自分をなんとか変えていかねば、というエネルギーも湧いてくる。

あまり「私が、私が」という競争意識をもたないで、自分を変えるだけで周りすべての運が向上するならば、これはいっちょう踏ん張らねばならないし、運が自然と舞い込むように流れを変えていかなければ、今はよくても後悔するかもしれない。

そんなわけで、再度心を入れ替えて、太陽のように輝き続ける母親にならねばと、一から自分の体を立て直そうと思った。

## 体質を変える方法　アラカルト

### ①「呼吸をゆっくりとすること」のアラカルト

1　鼻から吸って、ゆっくりと口から吐く。
2　居間ではいつでもクラシック音楽を流す。
3　いらいらしたときには、「落ち着いている、落ち着いている」と自分に言いきかせる。すると自然と呼吸がゆっくりしてくる。
4　呼吸が早くなるといらいら病がでてくるので、簡単な気功を覚え、たまには実行する。
5　寝る前に手が温かい、お腹が温かい、足が温かいと自律神経のコントロールをして、深い眠りにおちる。

6 「家族の者は、日一日とますますよくなっていく」とつぶやきながら、ひたすら自己暗示をかける。

7 バスタイムを大切にする。お風呂にゆっくりと入って、しっかりと疲れを取る。

8 ストレスを感じたら観葉植物に、口の長いジョウロでゆっくりと水をさす。すると呼吸は楽になり落ち着いてくる。

9 散歩に出て気分転換を図る。何かトラブルが発生した場合、そこに執着したままだと時間ももったいないし、気分もよくない。だから、一人で散歩に行って景色をながめ、それを「きれい！ すばらしい！」とほめて気分を変える。

10 究極の方法、鼻から吸って、鼻から出す、という、深呼吸を続けてみる。

## ② 食べ物に気をつける

1 肉食に偏らない。

2 白米や、白いパン、白砂糖など、なるべく白いものは避ける。

3　ケーキなど甘いものは肥満のもと、だから避ける。
4　ジュース類は砂糖がたくさん入っているからやめて、飲み物は温かなお茶とか、浄水した水にする。
5　生野菜はやめて、ゆで野菜にして体を冷やさない。
6　よく噛むことを心がける。
7　マゴワヤサシイという食事の取り方を実行する。マは豆、ゴはゴマ、ワはワカメ、ヤは野菜、サは魚、シはシイタケ、イはイモのこと。
（山田豊文先生のセミナーより）

## ③ 体は冷やさない

1　薄着はしない。
2　風呂上がりにも、必ず靴下をはく。
3　夏場でも冷房などは使わない（私の住んでいる長野地方では、必要ないと思う）。
4　絶対に素足はしない。

5　内臓を冷やさないために、冷たい水物は飲まない。

## 体質改善ってなに？

子どもを産んで、仕事と、子育て路線をひたすら走り続けてみて、いかに、この重労働に耐えていけない体であることか、そして、一生涯、健康二重丸で使っていけない体であることか、つくづく思い知らされた。それに比べて、体をつくり上げてきた高齢の方たちの見事な健康。いつもいつも、うらやましいなと感じていた。

子どもを育ててみて、一番実感するのは、母親は健康でなければいけない、ということだ。そしてそれに体力がついてさえいれば、人生、どんなにひどい荒波が押し寄せようとも渡り抜いていけるような気がする。

結婚するまでは、健康には、それなりの自信があったつもりだが、そんな生易しい健康くらいでは、子育て兼仕事にはなんの役にも立たなかった、ということかもしれない。やわな健康しかもち合わせていないのなら、もっと冷静に考えて、家庭に全力投球できる専業主婦を望めばよかったものを、気力だけが充実しているあまりに、自分には両方できると思い込み、がむしゃらに猛突進を続けた。しかし、二兎は追えず、結果はあえなく惨敗。

独身の頃なら、「虚弱体質のかわいそうな女の人」で話はすむけれど、お腹をすかせてピーピー言う子どもを三人ももつ母親としては、あっちが痛い、こっちが変だなんて毎日言い訳ばかりしていられない。それに、親切に手を差し伸べてくれる人は夫以外誰もいないから、這いつくばってでもやらねばならない。一時期、健康を求めて「路頭に迷う民」のようにさまよったことがある。効果があるといわれる物には、手当たりしだい飛びつき、夫の顰蹙を買ってしまった。夫にしてみれば、ひたすら働いて得たお金を湯水のように使われてしまうのだから、たまったものではない、とは思うが、その挙げ句に夫婦喧嘩が勃発して、やっと自分に甘えがあることに気がついた。自分のことしか考えていないから、不健康な私がいるのかもしれない。ありがとう、の感謝の気持ちが薄れていたから、試練がくるのかもしれない。そして他力本願でいるから、「本当に子どもを育てる気持ちがあるのかい！」と健康を試されたのかもしれない。

そんなもろもろの思いから、体質改善は自分でできることから、と上記に書いたようなことを、執念込めてジワジワと続けてきた結果、気がついた時には不健康を脱し、ついに「あれ！　いつ風邪を引いたのだろう。あれ！　いつ具合が悪いといったのだろう」と病気の神様に縁を切られてしまった頑強な女に成長したのである。

他力本願から自力本願へ、これは健康に限らず、子育ても仕事も、これからの人生、なんにでも当てはまると思うけれど、私はどんな困難な問題が起ころうとも、自分を正当化だけはしないで、前向きに踏ん張って生きていこうと思っている。

# 第四章　働く母は忙しい

## 翌日の食事は夜つくる

子育てに苦労をした母は、三人の子育てに大変だった私と、自分の若かりし頃と重なり、哀れに見えるのだろうか、あんなに手塩にかけた娘が、髪を振り乱し、鬼の形相で飛び回っているのを見て、「あなたも三人の子どもを持ってみて、母親の有り難さがわかるでしょう」とばかりに同情的な視線を送ってくる。「私だって、家事育児がこれほど大変な仕事だということが初めからわかっていたら、もっと慎重に考えたわ」と言い返したいと思うこともある。とにかく、いつでも泥棒が侵入したような、てんてこ舞いの大騒ぎの日々に、嫌気がさすのは毎度のこと。身のほど知らずとはこのことだ、と今頃気がついたところで、どんな手段をとろうとも過去の栄光の座に戻ることはできないから、何があっても、こうなったらがんばるしか方法はないのである。

とくに、食事の用意は、王子様、お姫様にかしずく侍女のように忙しい。狭いキッチンで、まるでコマネズミのように、ひっきりなしに動き回り、彼らの底なしの胃袋が十分に満足するように、それもレパートリーの少ないメニューから選び出し、献立を考える。なにせ食べるだけがすべてという食欲の塊がうろうろしていて、三人ともしょっちゅう口を動かしているのだから、少々上品な料理を用意したところで、彼らの胃袋にはものたりないことは十分にわかっている。だから見かけや質よりも量、それも大量で勝負しなければならない。

「さあ、夕食よ。降りてきなさい」

と二階の子どもたちに声をかけるまでもなく、一瞬のうちにテーブルの上のお皿は見事にカラッポ。そしてニヤニヤとしながら、「余は満足だー」とばかりに自分の部屋に帰ってくれるが、私の分は彼らの食べ散らかした残りで、おかずと言えるものはほとんどない。しかたがなくご飯と味噌汁だけのつつましい食事をするのである。これでは栄養失調になってしまうと思ったことは、数えきれないくらいだ。

こんなことは日常茶飯事のことで、驚くことでもないけれど、とにかく自分の腹具合よりも、子どもたちのお腹をいっぱいにしておかなければ、彼らの機嫌は悪いのである。

とにかく、今日の仕事はこれでおしまい、と座り込んだら最後、イイヤとばかりにお尻も重くなり、必要もないテレビにはまってしまう。このあわただしい毎日の中で、雑然とした住まいに変わること、それから手抜きの食事に走ることはいとも簡単なことなので、自分に活を入れて立ち上がり、明日の食事の用意に取りかかる。そして彼らの底なしの胃袋を満足させるためにも、彼らの笑顔が見たいがためにも、大量のおかずをつくり始めるのである。食べることだけは、手を抜かないでいこうと決めてがんばってきた。そうすれば、彼らは絶対に親を悲しませることはしないだろう。そんな想いでキッチンに立ってきたが、その結果、いつでも食事の用意ができていて、彼らは待つことなく食事ができた。このことは、私にとってもたいへん満たされることであった。

## 常備菜をつくる

独身の頃、日曜日は当然昼まで寝られる日だと思っていたし、自分の思いどおり自由自在に使える日だと思い込んでいた。せっかくの休日だから気ままに過ごそうと、昼までの朝（!?）寝坊は毎度のことだった。それに、こんな気ままな生活は今この時しか味わえないとばかりに、午前中はパジャマ姿で家の中をうろうろして、母から、「結婚前の娘が、まあ、はしたないこと」とよく文句を言われたものだ。これは独身時代の特権だったようで、結婚し、子どもが次々と産まれると、夫の手前や、子どものしつけの面からも、そんないい加減な格好をしているわけには当然いかなくなった。

子どもたちが学校に入り、学年が上がっていくにつれて、部活、課外授業、はたまた、友達との買い物など、せっかくの休日だというのにのんびりとしてもいられない。彼らのスケジュールはまるで芸能人並みに過密で、めったに家にいることもなくなってくる。それに、あ然としてしまうけれど、学校がある日は朝起こしても、なかなかいい返事が返ってこないのに、休日の朝はヤケに機嫌もよく、鼻歌なんか歌ったり、掃除なんかはじめたりして、二階でガタガタと騒いでいる。

普段、仕事が忙しい夫は「おい。子どもたち、お願いだから、休みの日くらいゆっくりさせてくれよ」と彼らに頼む始末だし、私自身も毎日神経を尖《とが》らせて過ごしているから、せめて休日くらいは猫のように丸くなって布団にもぐっていたい。それに、毎日の生活に追われて、新聞を丁寧に読んでいる時間もなく、社会事情に疎《うと》くなっているから、ベッドの中でコーヒー片手に、隅から隅までなめるように読みたいという欲求もある。

けれども、学校の用事で弁当持ちで出かける子もいれば、部活の試合で「七時までに駅まで送ってー」と親の都合なんかまるで考えもせずアッシー君のように使う子もいるし、九時頃になって「友達との約束を忘れていたから、送って」とドタバタと騒ぐ子もいる。だからかえってウィークデーよりも早く起きなければ間に合わないので、早朝から、彼らの召し使いのごとくキッチンで働く次第である。

朝の暴風雨が通り抜け、やっと家の中が静かになってくると、「ゆっくりと優雅にコーヒータイムをもちたいな」「もう一度布団に戻って眠りたいな」など、休日特有の誘惑にかられるけれど、それらを必死の思いで振り切って、一週間の常備菜づくりに取りかかる。まず、冷蔵庫の賞味期限切れのものはすべて捨てる。そして冷蔵庫棚の汚れを洗剤でふき取り、きれいにする。それから、つくり置きしておけばすぐに食べられる状態の常備菜を一週間分つくり上げ、冷まして袋に入れ、冷凍保存する（たとえば、シイタケの煮付け、ひじきの煮付け、ホウレンソウのゆでたもの、から揚げ、シチューなど）。

このようにつくり置きしてあると、どんなに忙しい日でも「少し待っていてね」とか「まだ、できてないの。おやつを食べててよ」など言わなくてもすむ。だから「奥様は魔女」のサマンサのように、鼻をピクピクとさせるだけで迷コックに変身できるから、私にとってもいい方法である。

食べ盛りの子どもたちにとって、食べ物の恨みは恐ろしいもので、「今日はいそがしかったから、許して！」なんて言い訳をしようものなら、「お母さんだけじゃなく、みんな誰も同じくがんばっているの！」と、ものすごい剣幕でブーイングが返ってくる。夕方のあわただしい時間帯に、急な来客があったり、仕事が終わらないなど、何かトラブルが発生すると、夕食の用意は間に合わない。どうしても手抜きを考えてしまうから、温かな団欒なんかどこかに吹き飛んでしまい、冷たい空気の中で黙々と箸だけが動くという食事となる。さらに疲れた心が伝わるのか、些細なことが引き金になって、喧嘩が始まることだってある。そんな手抜きがとても嫌で、いくら疲れていても、日曜日にはがんばって冷凍庫の中を一週間のお惣菜でいっぱいにするのを習慣にした。

このように準備を整えておくと、急な用事が入っても混乱せず、涼しい顔をして食事に臨めるし、余裕をもって食事ができるから、彼らの表情をしっかり観察し、心の悩みをすばやくキャッチできる。それにもう一ついいことは、冷蔵庫の中のいらないものを捨て、きれいに片づけることで、私の脳の中までもスッキリするのか、一週間分の心の疲れが、空の彼方に跡形もなく消えていき、また新たな、すがすがしい気持ちで月曜日を迎えることができるということだ。ひょっとして、これは一石二鳥ではなく一石十鳥かもしれないと思って、どんなに疲れていても、自分に活を入れて、そしてわざとルンルン気分にしながらがんばるのである。

## メモを取るのを習慣にする

オールマイティーに雑務をこなす力がないと、主婦業は務まらないな、と思う。それに、突然問題が起こる可能性もあるから、どんな要求にも応えられるように、いつでも万全の構えをしているように心がけているつもりである。よく二十四時間営業中という看板のコンビニエンスストアを見かけるが、姿、形が変わるだけで、主婦もまったく同じものだと思い、それを見ると、時々自分を見ているようで苦笑いをしてしまう。

主婦の仕事の中身は、医師、清掃作業員、クリーニング屋さん、迷コックそれにドライバーと、それこそ、なんでもござれとばかりにあるし、それに家のどこに何があるか、どのタンスには何がしまってあるかを事細かに知っていないと、やはり突然の出来事にオタオタしてしまい、パニクッて肝心な行動がストップしてしまう。いらぬエネルギーを消費してしまってはもったいない。

それに日々の生活の中で耳をダンボにして彼らの言葉をしっかり聞き、落ち度のないようにしておかないと、夜遅くなってから、あれが足りない、これもないと、近くのコンビニへ物を探すために、慌てふためいて走り回らねばならないことも起こってくる。

誰もがせわしなく飛び回る朝、彼らは、朝食を口にしながら、ボソッと自分のお願いコールをする。

「お母さん、調理実習にゼラチン必要」（いつ使うのかしら?）

「明日から、水泳がはじまる」（水泳の帽子が必要とは言わないが、用意をしておいてくれ、ということらしい）

「漢字のノート」（これも買ってね、ということか）

「今晩のメニューは和風スパゲッティ」（そう言えば、ずっとスパゲッティの話をしていたな。なるほど、これを何があっても今晩食べたいということらしい）
夫からは、「今日○○店で会議、飲むから」（私をまた、アッシー君に使うつもりらしい。そしてせめて時間くらい言ってよね）
などなど、昨日のうちに言っておけばいいことも含め、主語、述語の法則はまったく関係なしに単語が飛び交い、それも小さな声でボソボソと言うものだから、聞き耳を立てていないと、お願いコールが頭上をスーッと通り抜けていって、あっという間に私の脳裏から消えている。にもかかわらず本人たちはしっかり伝えたつもりだから始末が悪い。もし用意ができていないと「言ったのに」からはじまって、「ちゃんとお母さんをやってよね」「しっかりと聞いててよね」と「私をなんと思っているの。私は雑用係か！」と言ってやりたくなるほど、ムカッとする言葉が飛んでくる。
それでも、明日必要なものがナイでは済まされないから、その品物を求めて閉店間際の店を慌ただしく飛び回ることになる。ただでさえ夕方はセワシナイというのに、何がない、これもないなど、こんなトラブルが度々起こると、疲れも重なって「言った、言わない」の、喧嘩ごしの言い争いが始まってしまう。そして、やめておけばいいのに、過ぎ去った一年前のトラブルまで引き合いに出し、「ああ言ったじゃない。こう言ったじゃない」と喧嘩は否応なしにどんどんとエスカレートしていく。

そうなると、お互いに、たかが買い物一つで心の中をかき乱され、顔も見たくないほど嫌な思いをするから、せっかくがんばってつくった夕食は無言で食べるし、お風呂の時間も、寝る時間も、だんだんずれてくる。そして最悪、お互いため息とともにベッドに入り、またため息とともに朝を迎えることにもなるのだ。

こんな失敗を延々と繰り返していたが、いささかこれでは一人前の母親とは言い難いし、それに、よく考えれば、こんなに失敗を重ねると、自分の進歩のなさというか、能力のなさにあきれてしまう。だんだん自分がアホらしくなってきて、ある日、なんとかこの悪循環を断ち切る方法はないものか、と考えた。そしてついに私は名案を思いついた。要するに、何かにメモをすれば、次々に用事が増えても忘れないだろうと思い、エプロンの中に必ず紙とペンを入れておくことにした。今では、彼らのお願いコールが始まるたびにすぐに書きとめることにしている。

それから少しして、以前のようなトラブルは確実に減ってきた。そして夕方のせわしい時間帯を、穏やかな気持ちで過ごせるようにもなってきたのは進歩だった。それに、以前と打って変わって、準備万端整うようになってきたから、お互いの信頼関係も定着してきていると思うし、お願いコールを聞いても、阿吽《あうん》の呼吸じゃないけれどすぐに書きとめるから、相手も安心してみているようである。

そして、子どもたちから、

「お母さん、大手の会社ではまだまだ能力不足だけど、小さな会社で、社長がお人よしの人だったら、秘書になれるかもよ」

といううれしい（？）お言葉をちょうだいした次第である。

毎日が速いスピードですぎていく中で、夫との関係や、子どもとの関係をトラブルなく続けていくことはなかなか難しいことだと思う。けれど、彼らの要望を確実に聞き入れてあげる中で、彼らは私に一目置いて接してくれるだろうし、絶対の信頼もおいてくれるだろう。その信頼関係の積み重ねが、我が家の人間関係をますます円滑にさせていくに違いない。

「そんなことまでしてやることはない。それは子どもや夫のわがままだ」と言う人もいるかもしれない。けれど私は、わがままは今しか言えないだろうと思っている。どうせ近い将来自分でやるようになるだろうし、やらねばならない時も必ずくるはずだ。そうなれば、私はもう自分の役目も終わりだし、今度は彼らにお願いする番になるかもしれない。そうなったら、寂しいだろうな、今が花かな、と思って彼らの秘書を務めさせていただいているのである。

## 完璧にはできないから

母親が仕事をもっていると、掃除はいつもおろそかになってしまい、「ああ！なんと散らかった家だろう」と深くため息をつき、自己反省を重ねた日々もあった。

夫や、子どもには悪いとは思うけれど、自分の体力との兼ね合いも考えてみれば、家庭の雑多な仕事よりも、外の仕事の方を優先してしまうのは、お金を得ている以上、仕方のないことかもしれない。もちろん主婦としての役割を放棄したくて怠けているわけではないし、母親として、「我が家のコック長」「清掃係」「クリーニング屋さん」さらに「雑務係」という必須の条件はクリアしているつもりである。

家に帰れば、「ほっ！」とする間もなく、ユニフォームであるエプロンを着け、キッチンに立つ。そしてお腹をすかせ、口をあけて待っている子どもたちのために食事の用意に入る。とにかく彼らは、お腹さえいっぱいになれば、当分の間静かにしてくれるから、黙らせるためにも、一番初めに口に入るものをつくるのである。

次に大切なのは、洗濯である。それも、雨が降ろうが、雪が降ろうが、家の中に干してでもやらなければいけない仕事である。この二つに関しては何とかやりくりがつくけれど、毎日の掃除だけは、彼らから、ＯＫのサインはもらえないだろう、と長い子育ての中でいつも反省することである。

私が一番ストレスと感じるのは、「部屋が汚れている」という現状を目の当たりにした時かもしれない。言い訳は嫌だけれど、私だって、毎日のように掃除機をかけて、ゴミ一つなく暮らしたい。朝は子どもを学校に送り出すのに忙しいし、昼間は仕事だし、帰ればコック兼雑用係の私を「お待ちしていました」とばかり、子どもたちがユニフォームを持って待っている。もし、全部、完璧にがんばってしまったら、体を壊して寝込んでしまい、二、三日「すべての仕事はできません。あしからず」と張り紙を出すことになるだろう。そのほうが私の家では、問題が大きくなってしまうのだ。

この問題に関していろいろと対策を練ってみた。日曜日に家中の掃除をしてみたが、これはかえってトラブルになってしまった。というのは、掃除に体力を使いすぎて、月曜日に働く気力がゼロになってしまう。さらに週の初めから疲れていれば、家事も仕事も一切合切思うように進まず、それがものすごいストレスに変わり、家族のものに喧嘩を吹っかける原因になってしまうからだ。

夜、子どもが寝てから掃除をはじめる手も考えたが、ガタガタしていると彼らも一緒にテンションが上がってしまい、なかなか、ベッドにもぐらない。それとクタクタになると明日の仕事にさわり、やっぱり思うようにはいかない。

全部、一気に掃除をしようと考えるから、体も心も疲れてしまうことがようやくわかり、一日に一つの場所だけを掃除することにした。そして寝る前に書くスケジュール表に「明日の掃除は客間」と書き込んでおく。すると寝ている間に潜在意識が覚えてしまうのか、何気なくそこの掃除に取り掛かってしまうから、不思議である。それに、少しずつ一日に一部屋ずつを片付けていくと、そんなに掃除、掃除、と騒ぎ立てなくても、きれいにすることができるのもわかってきた。

仕事をもっているから、と威張っているわけではないけれど、どうしても二十四時間の中であれもこれもやらねばならないと考えてしまうから、大きなストレスになる。そして、それを家族にぶつけてしまうから、かえって、最悪な事態を招いてしまうのだ。だから一カ所の掃除は最低条件と決め、そこだけはきちんとすることにしている。とにかく「やり過ぎない」、これを私の生きていく一つの秘訣としているのである。

## スケジュール表に書き込む

子育て兼仕事と欲張ってこれまでやってきたけれど、新米の母親のうちは要領も悪いので、いろいろと失敗をして、落ち込み、そして自分を何とか正当化したくてなんだかんだと理由をつけては、言い訳と責任逃ればかりをしていた。

「あ、忘れていた！」なんてドジなことを繰り返したり、「まだ、やってないの？」なんて、家族からブーイングが起きたりと、自分の仕事ぶりの悪さに、これでは家族だって、文句の一つどころか五つも出るはずだ、と自分でもあきれてしまうほどだった。

とくに一番手のかかる子育て最盛期、子ども三人の学校、保育園、ＰＴＡなどいくつか重なってしまったら、午前中は、次女の件、昼は長男の学校、夜は長女の用事などで、もう頭は大パニック。そしていそがしすぎて必ず何か一つは忘れている。

そこで、失敗を繰り返さないための、いくつかのアイディアを思いつき、実行してみた。

それはスケジュール表に書き込むことと、家中のカレンダーに書き込むことだ。とにかく、子どもたちの予定も夫の仕事の予定も、時間も場所も書いておく。私の場合、十歳年が離れて三人の子どもがいるから、学校の行事や参観日なども、別々の場所、別々の曜日にあるから、一度にスイスイとはいかない。だから綿密に書いてないと、当日になって「誰がどこだったっけ？」とパニクッて心臓がパクパクしてしまう。それに夫婦で一緒に仕事をしているので、彼の秘書役もあるから時々「僕の予定は？」なんて聞かれることもある。忙しい時に限ってその言葉を聞くと、「大人なんだから、自分のことは自分でやってね！」と反論したくなるけれど、そこから夫婦喧嘩がはじまってもつまらない話だ。だから夫の予定も頭の隅に入れておかねばならない。

とにかくその日一日の家族の行動をしっかりと把握しておかねば、水が流れるごとくスムーズに家の中は回っていかないのは事実である。だから家中のカレンダーに書き込み、自分のスケジュールノートにも書き込み、さらに車の中に付箋をおいておき、それにも書き込み、失敗を最小限にとどめようと心がけた。その結果、努力のかいもあり、明らかに失態がなくなって、私の面子も取り戻せた次第である。

それから、もう一つ面白い経験をした。未来の希望を書き込むことは自分の願望が叶うことだと発見したのだ。仕事の都合がつかず、旅行になかなか行けなかったので、スケジュール表に「もしも行けたらいいな」とばかり、仮定で旅行の日程を書き込んでおいた。なかなか時間が取れないし、半分諦めの気持ちでいたが、日程を入れておけば、ひょっとして行けるかなと思ったし、行けなくても仕方がないかなと思い、それでも気持ちだけでもワクワクさせて、書き込んでおいたのだ。その頃になっても、いそがしいのは変わらず、「今回もダメかな」と思っていたら、仕事が急にあいて、家族全員で旅行に行くことができたのである。この効果のすばらしさに、スケジュール表に書き込んでさえおけば、宇宙の彼方、つまり潜在意識に伝わり、いい方向へと導いてくれるのかもしれないと、自分でもこの幸運にびっくりしてしまった。

もう一つ面白いことがある。子どものテストの日程を書き込んでおくと、どうなるか。子どものスケジュール表を覗き込むと、テストの日程が書いてある。それを私のスケジュール表に写しておく。テストが近づくと彼らの神経がピリピリしはじめるから、触らぬ神にたたりなしと、親の方も心の準備ができる。これも家の中に波風を立てない一つの方法で、とても好都合である。それに、もし彼らに母親のスケジュール表を見られずにすむのなら、「テストの成績が、最高にいい。○○ちゃんはとても喜んでいる」と書き込んでおくのも結構効果があって面白い。きっとこのノートに結果先取りで喜びを書くことによって、良い波動が彼らの気持ちに伝わるのか、テスト終了後ニコニコ笑顔で、満足げに帰ってくるから、これもまた摩訶《まか》不思議な現象である。

子どもたちは、成長の過程で親との会話がなくなる時期もある。その時は、聞く耳を持たない時だからこそ、親の親切心がかえって仇《あだ》になって、それが引き金で壮絶な親子喧嘩も始まってしまう。そんな難しい時は、「言わぬが勝ち」とばかりに、黙ってノートに想いを書いてみたり、スケジュール表に彼らの日程や時間を書きながらも、少し私の願望を入れてみたり、と気楽にかつ楽しみながら、いたずらをしてみた。宇宙の法則や波動の世界は、理解できないことも多いけれど、スケジュール表に書き込むことは、なんだか素晴らしい結果として、必ず返ってくるような気がする。

## はずみをつけると面白い

こんなふうに書いていると、なんだか私の性格は、几帳面で、神経質のようだが、計画倒れになることのほうが多いし、これほどズボラな母親はいないのではないか、と反省の日々を送ってしまうことはざらである。

どっぷりと落ち込んだ時には、そこから抜け出すテクニックがある。体中に力が入っているので、柔軟体操のような簡単な運動をする。

1　肩幅の広さに足を広げて立つ。
2　三回ゆっくりと腹式呼吸をする。
3　両手をダランとさせて、ブラブラさせる。
4　足も片方ずつブラブラさせる。
5　その後、一回大きく伸びをして体中に力を入れ、そしてフッと力を抜く。

するとー瞬エネルギーが戻る感覚になるから、その隙を突いて、はずみをつけて、動き出す。そのはずみのパワーは結構効果があって、それから先は、今までのことを忘れたかのように、順調な流れに変わってしまうのである。それにそのエネルギーは体ばかりでなく、心のほうにも作用するのか、その一瞬の行動によって、以前の明るいだけが取りえの私に戻してもくれる。この柔軟体操をすることによって、泥沼の中でもがいていた私は、その姿を過去の産物のようにすっかり忘れることができ、またもとの単細胞の母親に戻してくれる。とにかくウダウダと言っている暇のない私にはもってこいの方法である。

## 自律神経が狂っていた

青春時代は、若さに任せて、かなり無謀なことをしたと後悔する。若さゆえに、体力は十分あると過信していたから、睡眠時間を削っても体はへこたれないと思い込んでいた。それに好きな本は、親の目をかすめても、その日のうちに読んでしまわないと気がすまず、朝日が昇ってくるまで読みふけっていたこともある。だから徹夜なんて言葉を聞くと、それだけでワクワクゾクゾクしてくるお年頃も経験した。

それに四当五落といい、四時間の睡眠なら合格するけれど、五時間も睡眠をとったら大学には落ちると皆が騒ぐ頃、受験を迎えていたから、親の手前夜遅くまで机にしがみついていた覚えがある。夜になると俄然元気になり、まるでゴキブリのようにモソモソと、闇の中を活動する習慣が身についてしまった。だから、自律神経も当然のこと、正常に働くはずはなく、夜になると元気が出て、朝はからっきし弱いという、人間として使い者にならない体に変わってしまっていくのは、火を見るより明らかだった。

さらに結婚してからも、体に染みついた悪い習慣はそうは簡単には直るものではなく、まるで冬眠中の熊のごとく、やっぱり体が思うように動かない時期があった。

子どもが産まれて、自律神経の正常な赤ん坊に叩き起こされ、だんだんに朝型人間になってきたけれど、子どもとのかかわりを大切にすると、朝する掃除などの家事はどうしてもおろそかになってしまう。それに、幼い頃は母親の姿が見えないと火がついたように泣き出すから、私から離れようとしないで、まるで体の一部のようにしっかりとくっついている。これは体がとても疲れることだ。

子育てに音を上げて、神経剝き出しでピリピリしている妻を見かね、「部屋が散らかっていても死にはしないぞ」と夫は優しく言ってはくれるが、若い嫁のすることなすこと全部が気になって仕方がない姑にしてみれば、「今の若いものは……」と文句を言いたくてウズウズしているのが伝わってくる。同居している以上、汚くしているわけにもいかないから、子どもを寝かしつけてから、夜光虫のようにもそもそと家中這い回って掃除をしたり、洗濯物をたたんだりしていた。だから寝るのは当然十二時を過ぎ、一時の音を聞いて寝るということにもなってしまっていた。そんなことを繰り返しているうちに、とうとう、もともと狂っている自律神経がさらに狂いはじめ、ホルモンバランスも大幅に乱れてしまったらしい。

体は正直なもので、自律神経がおかしくなると、だんだんとあちこち具合が悪くなり、とうとう、病院通い大好き人間になってしまった。一度体調を崩すと、もとに戻るには時間がかかるもの。家族にとって輝ける太陽のはずの母親が雲の後ろに隠れてしまったのだから、家の中の雰囲気だって、暗くてジメジメした陰険なものに変わっていってしまう。それに、やっと手に入れた仕事だって、簡単な失敗を嫌というほど繰り返すからますます自信がなくなっていくし、優しい夫でさえ、いつも具合の悪い妻には愛想もつかすようになり、夫婦間も些細なことから、「もう別れよう」と言ってしまうほどの大きな喧嘩になる。幼い子どもは神経過敏な母親の影響をもろに受けて、ピーピーと一日中泣いている。若い母親の体が弱いという原因から、あっちでもこっちでも問題が発生し、それがみるみるうちにどんどんと大きな亀裂となり、まるで家庭崩壊のような騒ぎを常に起こすようになってしまったのである。

私がここから抜け出せたコツとして、ドイツの精神科医、シュルツの創始した自律訓練法を知り、習得したことがある。夜寝る前に、体の力を抜いて、足が温かい（三十秒）、お腹が温かい（三十秒）、手が温かい（三十秒）、額が涼しい、そして私は健康である、と自己暗示をかける。それを習慣にすることで、夜中に何度も目が覚めるということもなくなり、夜しっかりと熟睡することができるようになってきたし、朝の目覚めがすこぶる快調になってきたのである。するとやはり体は正直なもので、活力も出はじめ、意欲も、集中力も、さらに食欲さえもどんどんと湧き出して、だんだん健康体を取り戻しはじめた。

家事、育児、そして仕事といそがしくなりすぎて、呼吸が上がってきたり、不定愁訴の症状が現れはじめると、またもとの不健康な心身に戻るのか、イライラしたり、眠りが浅くなってくるのがわかる。これは私にとって「危ないぞ」という危険信号だから、これがでたら、夜寝る前に自律訓練法をやり、またノーテンキの自分に戻すように努力をしている。

# 第五章　肝っ玉母さんになれた幸せ

## 時が過ぎて

長女と約十歳離れて、三番目の女の子が誕生した時、「この子が小学校に上がる頃には、上の子は高校生か」と、先々に待ち構えているであろう出来事に大きな不安を感じ、「これから長い道のりの子育てがはじまるな」と後ろ向きの考えをしてしまったものだ。

高齢出産といわれる年齢での出産だったから、体力がなくなりはじめていることも自分でわかっていたし、軌道に乗っていた仕事をここで少しセーブしなければならないのも明らかだ。それに夫以外、誰も助けてくれる人がいなくて、子どもを三人育て、かつ、少しでも子どもの手が離れたら、いままでどおり仕事に戻らねばならない。不安材料ばかり思いつく日々……。あの頃の私は、三人の子どもを育てながら仕事と育児の両方をやり抜くのは並大抵のことではないと、初めから両立をギブアップしていたのかもしれない。
テレビで報道されているような「偏差値重視の競争社会」が事実であるならば、自分は、その中を生き抜いていけるような子に育てられるのだろうか。また、社会現象のように騒がれる非行問題を知るにつけ、これから先、子育てと仕事の両立はできるのだろうかと、考え込んだものだ。

その時の私は「とにかくなんとかしなければ」という思いと、「これから先いったいどうなるんだろう」という焦りで心が疲れていたし、未来に希望がもてないでいる自分にどうしようもないいら立ちを感じていた。そのせいで体中によけいな力が入っていることが、自分でもはっきりとわかるほどだった。そして同時に、自律神経もくるっていったようで、体が冷え、エネルギーもパワーも、それから人生に立ち向かっていく姿勢も、すべてが坂を転がり落ちていくボールのように、急激になくなっていくのを肌で感じていた。

もう若さだけで突っ走れない年齢なのだと、否定的に思い込んでいたのは事実である。不器用なのか、井戸端会議好きの奥さんたちとワイワイしゃべって憂さを晴らすこともできない。どの奥さんも愚痴ばかりで、そのたびに否定的な考えが自分にも染みついていくようだった。世の荒波のすごさに対応していけず、出口のない大きな渦の中へと、すぐに巻き込まれてしまう。

それまでだったら、友達としゃべって憂さを晴らすことも好きだったにもかかわらず、人に応対するパワーが少なくなってもいたから、まるで引きこもりのように、自分の殻に閉じこもってしまうのだ。そんな時は、どんな些細なことでも、なんでも難しく考えてしまうという回路が、脳の中に出来上がっていたのかもしれない。それに嫌なことは敏感に察し、少しでも不可能と感じると、「逃げるが勝ち」とばかりさっさと自分の殻に閉じこもることが日常茶飯事だった。そして失敗を恐れるばかりに、自分の枠から出ようとせずに、そこにじっと潜んでいることに喜びを覚えてしまっていたのかもしれない。

自己改革を試み、肯定的に考える姿勢を勉強してみて、その自己嫌悪にさいなまれている最中、もっと単純に気楽に考えたり、プラスの発想を持ち合わせていたら、また違った展開があったかもしれないと、自分の心の狭さを後悔してしまう。

けれど、三人の子どもの子育てと仕事の両方を何がなんでもやらねばならないと思ったからこそ、黒雲が覆っている我が家を改造しなければ家族もろとも地獄に落ちてしまうと感じたからこそ、なにくそっと思って自己改革をはじめることができたのかもしれない。それを実行し、継続したからこそ、家族の繁栄という大きな財産が、今現在、私の手もとに残っているのだ。

そんなこんなであたふたしながら子育てをしてきたが、そろそろ子育て最前線から卒業の時期を迎えているようだ。子どもたちはそれぞれの道を歩みはじめ、これから私がたどってきたような試練の道を、彼らもまた試行錯誤しながら、そして悩みながら、歩いていくことだろう。そしていろいろな困難にぶつかり、苦しんでみたり、ため息をついてみたり、落ち込んでみたり、時には泣くことも経験して、自分との関わり方を学んでいくに違いない。

けれど、彼らが「もう応援はいいよ、お母さん。自分の問題は自分たちで解決していくから、大丈夫」と言ってくれるほど成長したとしても、やはり今までどおり、無言でプラスの波動を送り続けるだろう。彼らを守り続ける守護神のように、「力を抜いて、リラックスして生きていきなさい」と、声援の旗をいつまでも振り続けてあげたい。

## 友達からの電話

先日、外出しようと靴を履いたら、電話が鳴った。受話器を取ってみると、子どものことで悩みを打ち明けあったママ友の声が久しぶりに聞こえてきた。彼女はなんとも冗談ぽく話しかけてくる。

「ねえ、ねえ、いい男とファミリーレストランにいたでしょ？　あの子誰よ！」

「いつの話？」

「一週間くらい前、デ○ーズにいたじゃない。仲よくコーヒーなんか飲んじゃって」

「あれ、息子よ。一緒にお茶していただけ」

「そんなことわかってるけれどさー、まあ、なんて仲がいいの？　親子の雰囲気じゃないよ。うちの息子なんか、私は母親なのに、ばあさんとか、おい、って呼ぶのよ。それに、『ばあさんとは、話もしたくない』って顔も合わせないし、絶対に一緒にファミレスなんか行かないから」

「そんなことないわよ。誘ってみたら？」

「無理！　無理！　ばあさんとお茶を飲む暇があったら、車を洗うか、寝ているほうがいいって言われるのがオチ」

と、落ち込んだ声が受話器の向こうから返ってきた。かつてはすがすがしかった彼女の声のトーンがすっかり元気をなくしているし、それに人生に疲れきった「哀愁」のようなものを感じる。昔のはつらつとした彼女はどこへ行ったのか、ただただ「可哀そうな母親像」が浮かんでくる。

「あんなに可愛がっていたのに……。子どものためにと自分の洋服を買うのも我慢して育ててきたじゃない。子どもの学費のためと一生懸命になって働いて、やっと卒業の目途まで立ったのに、いったいどうしてしまったのだろう」と、彼女のこれまでの苦労を知っているからこそ、そして、一時期同じ境遇にいて子どものことでも愚痴をこぼし合い、慰め合った者同士、同じ子育て戦争の戦友だったからこそ、彼女の切ない気持ちも、人生に見切りをつけたい気持ちも、よくわかるのだ。

ちょうど同じ時期に、他の友達からも、「お願い！　ちょっと聞いて！」と、スーパーで足止めされた。私くらいの年になると、もうすっかり子どもの手が離れて自由気ままな日々を過ごしているはずなのに、親の意見をまったく無視する子どもたちを日の前にして、これまでとは違った意味で、自分の子どもとの付き合い方が見えず疲れ切っている人が多いようだ。

彼女もやはり、「人生とは、何ぞや」「なんのために子どもを産んだのだろう」と自暴自棄の様子で、切なそうに話してくれた。

「うちの子、居候と同じよ。私は家政婦以下！　それにね、夜行性の習慣が身についてしまっていて、夜になると、モソモソと動き出してきて夜中騒ぐから、夫も私もうるさくて、寝てもいられない」

それに加えて、井戸端会議仲間だった奥様連中までもが、自分の夫ではなんの助けにもならない、とばかり「子どもの愚痴を言い合う会」を開こうと言い出したのだ。聞いてみれば、女の子は、「洗濯物は、お父さんのものと一緒には洗わないで。汚いから」と捨てぜりふを残して仕事に出かけていくというし、大切なお宝息子は、「おい！　飯、風呂、金」しか言わず、「まったく、もう……」と彼女は頭を振る。

それにしても、親を何だと思っているのか、とお説教の一つもしてあげたいし、会話というものを知らないのか、と文句の一つも言ってやりたい。これが自分の子どもだったら、ホウキを振り上げて、「親に向かって、何ということを言うの！」と、ものすごい剣幕でしかりつけるのに。

それにしても、その男の子の頭の中には、はたして言葉というものが存在しているのだろうか。なんと語彙の少ない青年だろう、とあきれてしまう。

私の家だって、時には突然の問題発生にびっくりして、ドカンと落ち込むこともあるし、時には鬼のような母親に変身して、子どもたちから、「まだ、成長が足りない！　いつになったら一人前の母親になれるの？」と白い目で見られることもある。私は人前では嫌なことを顔にも出さないから、周りの人にはノーテンキで暮らしていて、楽ちんな子育て路線を歩んでいるように見えるらしく、「子育て上手のプロ?」と称されてしまっている。だから、「あの人の家ってうまくいっているみたい」と噂の的にされているみたいで、困ったことがあるとよく電話がかかってくるし、どこかで会うとすぐに、

「あなたは、幸せものね。旦那さんは優しいし、どの子も素直に伸びているから！」と絶賛されてしまう。

それを聞くと「いまだに子育ての悩みは同じよ」と言葉が詰まってしまう。それと同時に昔、苦しんだことや、落ち込んだこと、そして、こんなことでは先が思いやられると、あの時思い切って自己改革に取り組んだことなどが、すべて正解だったのだと思える。「だから子どもたちも素直に育っているし、家族の人間関係もスムーズにいき、このくらいの悩みですんでいるのかもしれない」と、あの時の自分の直感が間違っていなかったことに感謝をする。

自分が不和の原因なのだと悟り、自分を改革するために、潜在意識にプラスの種をひたすら蒔き続けたからこそ、「今どきの子どもに比べてどの子もとてもいい性格、あなたはいい子育てをしたわね」と、うれしい評価を受けているのかもしれない。

少しは努力の甲斐もあったかな？　と、ニンマリする私なのであった。

## 明暗を分けた二人

子どもは一人ではさびしいし、二人ではなんだか物足りない。三人になれば、兄弟関係の中からいろいろ学ぶだろうし、それに子どもが多いほうがこれから先、楽しみかもしれない！……なんて、自分の体力も考えに入れずに、これから先の子育て地獄のことなど考えもせず、ましてや、青少年の非行問題や子どもたちの思春期の心の葛藤など、自分には関係のない世界の話、と高をくくって三人を産み育ててきた。若いということは、エネルギーがあふれているということかもしれない。

私は何があっても、どうしても三人欲しかったし、また、夫は私より子ども好きで「子どもは最低三人産んでくれ。俺が責任持つから」との力強い励ましもあった。

私も、三人兄弟の真ん中で育っているから、それも楽しいなと気楽に考えられたのだろう。

世の中には心配性の人や、几帳面な性格の人がいて、子どもの未来や、自分の老後まで失敗をしないようにと、しっかりと人生設計を立てて進んでいく人たちもいるだろうけれど、よく言えばアッケラカンとしたいい性分と言おうか、悪く言えば他力本願と言おうか、産んでしまえば何とかなるさと、安易な考えでいた。もしかしたら心のどこかで、親がなんとかしてくれるとでも思っていたのかもしれない。けれど、結婚当初から、自分の将来や子どもの未来に、苦難やトラブルが待ち受けているかもしれないと心配して、恐る恐る出産する人など誰もいないはずだ。

自分の子どもが欲しいと思うのは当然だと思うし、それに子どもは未来の輝ける星、幸運を運んでくるキューピッドだと思うから、将来に大きな期待をもって出産するのが人間の本来の姿だと思う。私もそう思って、これから先に子育ての苦しみが待ち受けているのも知らず、それに自分の力量のなさなんて考えに入れずに、また典型的なO型のノーテンキな性格も手伝ってか、「よし、もう一人!」なんて、弾みをつけて勢い余って（?）とうとう三人の子を持つ母親になった。

それを知った私の友達は、烈火のごとく怒って電話をかけてきた。

「あんたー、もっとこの世界の現状を知りなさい。生まれた子どもだってこれから先、どう生きていいかわからない時代よ。それに子どもを三人とも大学まで出すのは至難の業よ」

と、まるで怒鳴るように言った。そして、私が物好きであるかのように、

「女は子どもを持ったら、先は闇の世界よ」

という言い方をして、受話器をたたきつけるかのようにガチャンと電話を切った。

彼女は早くに結婚をし、夫の浮気などで苦労もしていたのか、女は子どもを持ったら最後、自由を奪われるとか、子どもにはどうせ捨てられるとか、否定的なことばかり考えていた。幾たびかのトラブルのせいで、人生に対して臆病になってしまったのかもしれない。

彼女いわく、人生は、よく考え抜いて慎重に進んでいかなければ、いとも簡単に落とし穴に落ち、さらに人生の設計図を描いておかないと、私（彼女のこと）のように、夫、子どもの奴隷として暗闇の世界を漂うことになるそうだ。そのことを、

電話のたびにくどいほど丁寧にアドバイスしてくれた。その話を聞いている私のほうは、疲れてしまい「それは、私には関係のない世界の話」と、うわの空で聞いていたくらいだから、私もよほど、世間知らずの御嬢さん育ちだったのかもしれない。

余談にはなるが、彼女は私と同じように御嬢さん育ちで、同じ子育て路線を走りながら、そして、同じ働く女性として生きてきて、大変さはほとんど変わらなかったのではないかと思われる。なのに、なぜか彼女は運命に翻弄されているような感じがする。その後、お互いに波動が違いはじめたのがわかったのか、あれだけ電話をかけてきていたにもかかわらず、彼女のほうから連絡をよこさなくなってしまった。

風の便りに聞いた話だと、彼女は、夫の浮気に愛想をつかし、自分も手に職をもっているから生活には困らないと、自分から離婚を決意したそうだ。波瀾《はらん》万丈の人生の中で、彼女は女の細腕で子どもを大学まで卒業させ、やっと楽になったと思ったら、二人の子どもにも見捨てられてしまったらしい。さらに更年期になって健康も害してしまったそうで、彼女の磨き上げたキャリアも発揮できず、とうとう失職。

その年では親に頼るわけにはいかず、二人の子どもともうまくいっていないのか、ついに当座のお金にも困るという、絵に描いたような悲惨な生活を送っているそうだ。

私も一時期どん底に落ちこんで、暗い穴の中でじっとうずくまり、なんでも否定的に考える時期があった。けれどその否定的な考えが、アメーバのように増殖していき、そうなるとまるで坂道を転がり落ちていくように運が悪くなっていく。そして歯止めが利かなくなり、どんどんと修復不可能な問題を引き起こしていく。こうなると目も当てられなくなり、何とかこの泥沼から脱出しようと試行錯誤している時に、自分の否定的思考がすべての原因であることに気づいたのだ。そして自己改革に取りかかった。私が気づけたのは、目の前に、近い将来の悲惨な我が家の像が見えたからかもしれない。そしてこれを信じて継続してきた結果が、彼女との大きな違いなのかもしれない。

時々ふっと、同じ空の下で暮らしているだろう彼女のことを思うことがある。そして、もし会えることがあるならば、

「これからでも十分間に合うよ！　もっと力を抜いてリラックスして生きていこうよ」と声をかけてあげたい。

## ドン底だった過去に感謝！

何とかここから脱出しなければ、と藁《わら》にもすがる気持ちで、いいと言われることは、なんでもしゃにむにがんばり、ひたすら馬鹿の一つ覚えのように継続してきたことを覚えている。確かに初めのうちは、どうやったら自分をプラスの方向へ導いていけるのかわからず、出口のない道を何度も往復し、「もう、こんなくだらないことは、やめた！」とふてくされたことも随分あった。

運勢がよい方向に変わりはじめる時は、今までの膿《うみ》が全部出てくるから、一時期もっと悲惨な状態に陥り、かえって家の中を混乱させてしまい、家族中の顰蹙を買ってしまったこともあった。夫からは訳もわからない宗教に入ってしまったとかんちがいされ、「そんな宗教に走ってどうするんだ！」と怒鳴られたこともある。

けれども、自分の人生、絶対に後悔をしたくないという想いがあったからこそ、何を言われてもギブアップしなかったのかもしれない。そして自分の潜在意識にプラスの情報をインプットし続けたからこそ、また、時間をかけて自分を肯定的な性格に戻していったからこそ、今やっと花が開きはじめ、その成果を実感している。

今考えるとぞうっとするけれど、もし気づくことがなく、自分は正しいと思い込み、自分の運の悪さや、不健康さを夫や子どものせいにして、そのまま責任転嫁を続けていたら……私も彼女と同じ運命をたどり、とっくに家庭崩壊していたに違いない。

私の子どもたちは、嫌な状況を一部始終感じとり、雰囲気の悪い中で日々暮らさざるを得ないわけだから、混乱した家庭の中で、彼らは澄み切った心を失い、潜在意識の中にも「人生って嫌なもの。生きるってことは、つまらないもの」と、マイナスの烙印を押しつづけ、生きていく意欲を喪失させてしまったかもしれない。「歴史は繰り返す」という言葉があるけれど、それはどうも潜在意識の中に組み込まれた情報のことらしい。潜在意識はとても賢く、一度覚えたら最後、なにがあってもこれまでのことをすべて覚えているらしい。もし母親のマイナスの要因や、否定的な態度、言葉遣いが災いして、生きていく意欲を失わせてしまったら、否定的にしか考えられない大人になってしまうだろう。もし非凡な能力があったとしてもそれを発揮できない器の小さな人間になってしまう。輝ける星としてこの世に誕生してきたにもかかわらず、世の中のためにもならず、かえって人間のクズのように自分を卑下して間違った方向へと導いていったのかもしれない。だから子どもの一生涯は親しだいというのもわかるような気もする。

そう思えば、あの時の教訓があったからこそ、今の私があるのだと、不運な時期に感謝しなければいけないと思う。あの時、自分を変えようと一歩踏み出すことを決意したことは、幸運の鍵を手にしたようなものだったのだ。

「すべては自分が原因、自分が蒔いた種は刈り取らなければいけない」いくつかの自己啓発の本から人生訓を叩き込んでもらわなかったら、今頃は心の狭い、人の痛みもわからない人間として家族から鼻つまみ者にされていたであろう。そして毎日のようにののしり合い、いがみあっていたかもしれない。子どもとの確執で、「私は出来の悪い子どもを持って運が悪い」と悲観的な言葉を吐き続ける人生を送っていたに違いない。

そんなことを思い返してみると、いい勉強をさせてもらったことに、感謝しなければいけない。

## 女は健康が一番

女性が仕事と子育ての両方をうまくこなしていくのに、一番必要な条件は何であるかと聞かれるならば、健康であること、つまり体力があるかないかだと思う。

もちろん、女性としては、見た目もよく（つまり美人ということ）、さらにスタイルも整っている母親のほうが子どもの友達からも、「〇〇君のお母さんキレイ」なんて言われ、子どもも鼻が高いのだろうし、夫にとっても、同僚から「君の奥さんはとても美人だなあ」と羨ましがられるから、願ったりかなったりかもしれない。そして何より自分自身も、同性から羨望、（時には）嫉妬の眼差しで見られるだろうから、この世に生まれた限り断然美人のほうが「お得」に決まっている。

なかには、知的センスが光り輝いていて、PTAの懇談会の時も、グウの音も出ないほど理路整然と意見を述べる人もいて、周りの母親から「なんて素晴らしい人でしょう」と絶賛される人もいる。

そしてごくまれに、世の中の運が全部味方しているとしか思えないくらい、美貌も、知性も持ち合わせ、さらに夫や子どもも文句なし！　という見事な母親もいる。そんな母親に会ってしまうと、自分の外観も含めあらゆる能力のなさにがっかりしてしまい、世の中はもともと不公平にできているものかもしれないと、人生に対して懐疑的になってしまう時もある。幸運な星の下に生まれてきた彼女たちだって、生まれもった天性に加えて、その強運を守り続けるための努力もしているだろうが、自分とのあまりの違いに「天は二物を与えず、なんて間違っている。そう思わない？」と周りの母親たちに、自分の気持ちのやりどころのなさを訴えたくもなってくる。

残念ながら、私には知性と美貌という二つの天の恵みはいただけなかったけれど、健康と明るい性格に関してはそれなりの自信は持っていたつもりだ。

健康に関して言うならば、生理直前は、腰の部分が重かったり、お腹がじわじわ痛いこともあるし、年に一度は、生理痛で七転八倒したこともあったけれど、それが終わればまた元の状態に戻るから、こんな嫌な想いは女性だったらだれでも経験するものだと思っていた。

そのほかでは、たまに風邪を引くくらいで、生まれてこの方、たいした病歴もなく過ごしてきたから、人並みに健康だといえるだろう。また、学生時代には、本が読みたいがためによく徹夜をしていたから、こと体力に関しても大丈夫と自分でも確信していた。

けれども、それは自分の思い過ごしであったと、出産後、思い知らされたのである。

夫だけではなく、夫の両親を含め総勢十人ほどの大家族でスタートした結婚生活は、精神的に軟弱に育ってきた私にとって、高すぎるハードルだったのかもしれない。結婚する前に「体は正直だから、その土地の水に慣れるまでは体の具合が悪いよ。あまり無理をしないようにね」と私のことを思ってくれる親切な叔母さんたちの忠告を受けてはいたが、その土地の風土、風習に溶け込むことの難しさという意味でも、その言葉は当たっていたかもしれない。

これまで住んでいたところを離れて新しい場所で暮らしはじめることは、誰だって多少の抵抗はあると思うけれど、私も夫だけが頼りの新天地に来たものの、やっぱり新しい土地にはなかなか馴染めないし、自分の心の中にも、生まれ育った場所に対しての愛着があるせいか、一歩踏み出して溶け込もうとする気持ちになれないでいた。

それに、嫁いだ先が隣近所すべて親戚みたいな土地柄で、よそ者は断固として仲間には入れないという、強い拒否の姿勢も伝わってくるし、新米の嫁一人が赤の他人のようで、誰一人として温かな言葉もかけてくれないのだから、なんだかいつになっても居場所がない感じがして心細かった。姑たちも、こんな甘い嫁で務まるものかと、本心では思っていたことだろう。

しかしなにより私自身、親の寵愛を一身に受けてぬくぬくと育ってきた生活とはあまりにも違う新婚生活に、ついていけなかったのだと思う。健康と、明るさだけがとりえといわれた私の楽天的な性格が、暗い、ジメジメした陰気な性格に変わっていくのに、そう時間はかからなかった。

さらに、嫁ぎ先の家風に慣れないうちに出産、育児という初めての体験を味わってしまったから大変だった。大家族だから十分に手もあまっているせいか、これは私の出番と世話をしてくれる姑。しかしその気持ちが親切を通り越して苦痛に思えてくるし、同居だから孫の一挙一動がすべて丸見えで、これでは赤ん坊もゆっくり寝てもいられないだろうと思うほど、みんなで一緒になって騒いでくれる。

初めての出産で神経が休まることがないというのに、ああだ、こうだといちいちいらぬお節介を焼かれるから、ますます神経が過敏になり、心臓はドキドキ鳴りっぱなし。さらにおろおろ、びくびくしながら子育てをしているから、夜の睡眠も浅くなり、神経過敏の心身症や、眠りの浅い不眠症にもなってしまった。

この家で、まだ自分の居場所も確立していないのに、この子一人にそんなに女手はいらないから、と言ってしまえば喧嘩の種をまくだけ。それならいっそ、子どもは任せて、外に出て仕事をしようと考えていた。

しかし、乳飲み子を抱えた女性が働くのは大変で、睡眠時間を削ってもやらなければならないことも出てくる。人間、眠れないことから病気がはじまるらしいが、そんなこんなで健康だけがとりえだった私も、ついに病魔にとりつかれてしまい、薬依存症になるほどの病院好きになってしまったのである。

長い間、笑顔もなく、活力もまったくない不健康な母親でいたと思う。そんなマイナスの波動はじわじわと家中に広がりはじめ、ついに、その家の家運までも落としはじめたのである。

ある時、私はそのことに気づき「これではいけない」と、正気に戻った。そして、こんなことを考えたのである。

「この世の中、人の口には戸が立てられないというから、もしもずっと具合が悪く、最悪の事態にでもなれば、運の悪い嫁が来たからこの家が没落した、なんて隣近所の人に面白半分に言われかねない。そんなことでは夫や子どもに申し訳ないし、それに産んでくれた親にも立つ瀬がない。それに困難に負けているようでは、私の名もすたる、というものだ」

それを機に、私は俄然健康体を目指して努力をはじめた。「健康」に関する情報を収集したその中の1つに、「私は健康」と毎日自己暗示をしそしてよく笑うことというのがあり、それを実践した結果、ついに、健康を取り戻したのである。更年期障害が現れる年齢に突入しているというのに、その症状もまったくなく、元気そのものでバリバリ働いている。人から、「ひょっとして四十代？」なんて言われることもあり、これも努力の賜物かな？　と、うれしくなる。

## 子どもとのデート

たぶんあの当時は、奈落の底まであと一歩という、崖っぷちを恐る恐る歩いていた時だったのかもしれない。そして自分が親であるという権利を必死に守り抜かねば、と思っていたのだろうか。または、人に笑われない立派な子どもたちに育てなくては私の恥になるとばかりに、威圧的な態度や横柄な言葉遣いで、子どもと向き合っていた時だったのかもしれない。

完全に自分を失っていた頃は、やたらと人の目が気になって仕方がなかった。そして肩に力が入りすぎていたのか、子どもの失態ばかり目につく。きっとその頃は、目も釣り上がっていただろうし、口もへの字に曲がっていて、寄るな、触るな、関わるなくらいの、見るからに怖いお母さんだったに違いない。今、当時の自分を振り返ると、顔から火が出る思いがする。それに子どもに対する態度や言葉の端々から、命令、強制、押しつけが見え見えで、触らぬ神にたたりなしと、さぞかし子どもたちは家庭の中で小さくなって毎日を過ごしていただろう。

その当時は、こんなマイナスの性格ではこの先思いやられるだろうし、希望の一つもてない自分に、愛想をつかしていた。将来にも限りない不安を感じていて、なんとなく、心の片隅に危機感はあったものの、まだ必死さに欠けていた頃だった。

その日その日の気分が一定していなくて、まるでエレベーターのごとく、落ち込みも早く、嫌だと思ったらさっさと逃げるという、まるで幼い子のような精神構造をしていたに違いない。

なにか問題が生じても、どうしても責任転嫁が先にたち、相手を執拗に責めてしまう様は、あきれるほど見事だった。心の奥底では、「自分がいけない」とわかっているにもかかわらず、持続性がないといおうか、学習能力が欠如しているというべきか……。「もう絶対責任転嫁はしない」と決意をしても、三日どころか、その瞬間に忘れているといった始末。母親として「最低」なことを、凝りもせずに繰り返していたのだ。そんなことを子どもたちの目の前で堂々とやりながらも、子どもたちには過剰な期待をしていたわけだから、彼らだってすんなりと伸びていくはずはない。

「自分が変われば、相手も変わる」と、まず第一に、自分の言葉遣いと態度を変えることを手はじめに、自己改造に取り組んだ。そのためにまず、子どもの意見にいちいち反論しないで、「はい」と素直に耳を傾けるようにしてみる。すると、じっと地面に水が浸透していくかのように、相手の態度が少しずつ変わっていくのが、目に見えてわかる。

もっと体中の力を抜いて、リラックスして接してみようと、「私はあなたの親よ」という威圧的な態度はやめてみる。そういえば、かつては自分の意見を正当化したいがために、少しの意見の相違でもグウの音も出ないほど徹底的に子どもを責め、威張っていたような気がする。そして、もし冷静に考えても自分に非があると認めたら、「すみません」という反省の心を明らかにした。子どもと同じ目線で接してみると、親子関係を忘れ、まるでこの荒波の世の中を一緒に進んでいく同志のような気がしてくる。そして彼らは、心の中にしまい込んでいるわだかまりを一つ残らず吐き出しはじめ、少しずつすっきりした顔つきになっていった。

それまでだったら、親の顔色を窺い、小言をもらわないように小さくなっていたにもかかわらず、何事にも積極的に行動し、十分満足した結果を勝ち取り、軽い足取りで家に帰ってくる。嘘偽りのない、本当の心の交流がはじまったという印かもしれない。

何か用事を押しつけられても、今までだったら嫌々ながら、「ほんとにもう、どうしてお母さんがしなければならないの！」と逐一高飛車な態度で対応していたが、これこそが大きな問題を起こす最大の原因と気がつき、「させていただきます」という奉仕の心をつけ加えてみた。一歩下がって下手に出はじめると、彼らからの協力も得られるようになった。家事がこんなにラクなものだなんて、知らなかった！私のこの豹変ぶりに、夫や子どもたちはさぞびっくりしたことだろう。

私が変われた究極の方法、それは「ありがとう」という感謝の言葉を口にしたことかもしれない。これまで相手を責めることは天下一品でも、「ごめんなさい」という反省の心は微塵も見られないばかりか、「正義は勝つ」とばかりに一方的に自分を主張するだけだった。

訳のわからない責任感に縛りつけられていたから、子どもと同じレベルでなんか絶対に考えられるものか、と自分の「親」という地位を守ろうとかたくなになっていたのだろう。自分が一番偉いんだぞと思い込んで感謝の気持ちも持てず、反省の色さえなかった。

過去をさかのぼって考えてみれば、子どもが五体満足に産まれたことだけだってうれしかったはずなのに、彼らが反論をするような年頃になると「ありがとう」の感謝の気持ちもてなくなり、子どもよりも私のほうが素直な気持ちを別の世界に置き忘れていたに違いない。

自分を変えれば、相手も変わる、という言葉は真実かもしれない。少しずつ重ねてきた努力が実を結びはじめて、いろいろなラッキーな現象を見せはじめた。そして人生の同志のように、子どもたちとお茶を囲んで意見交換をしたり、ショッピングのお誘いがかかったりするようになったのだ。

そう言えば、よく子どもたちと、どこそこのケーキがおいしいとか、あの場所のコーヒーは格別だとか騒いで、時間を調整しては「全員集合!」とばかりにお茶をしに出かける。その時は子どもたちが運転してくれたり、珍しがり屋の母親に気を遣ってくれているのか、新しくオープンしたお店へ連れていってくれる。急に「ほかの店に行きたい!」とわがままを言っても、「わかっている! わかっている!」とばかりに意見がすんなりと通るのも、地道な努力が報われているのか? とほくそ笑んでしまう。

また、私が疲れていて、ほっと一息つきたい時に限って、まるで阿吽の呼吸のように、「温泉に行かない？」とお誘いの声がかかる。そしてかぐや姫の「神田川」のように、桶《おけ》にタオルとシャンプーを入れて出かけ、お風呂三昧となる。お互いに「極楽、極楽」と同じ世界を楽しみ、「今日もいい日だったね！」とホカホカになって、十分に満足して帰ってくる。こんなことができるようになったのも、ひとえに心がけを変えたからかもしれない。

時には、自分の心の中をすべて見透かされているようで怖いこともあるけれど、子どもたちも隠し事がないくらいよくしゃべるから、彼らの心も、私に筒抜けのようだ。

我が家の子どもたちは、親を大切にするという古風（？）なところがあるらしく、友達いわく、「いまどきの子にしては、珍しい子どもたち」だそうで、世間では「とてもいい子どもたち、あんなふうな子どもに育てたかった」という部類に入るらしい。

世間には、親の恩などすっかり忘れ、親は親、若い者は若い者と、自分勝手に生きている青年たちがいると聞く。同じ家の中にいても、親とはろくに会話をせず、「飯、風呂」なんて語彙《ごい》の少ない、表現力の乏しい子どもたちがいるらしい。彼らは自分だけが可愛いという身勝手な青少年たちだそうだ。苦労して育ててきた母親の口から、

「いまどきの子はそれが普通よ。子どもに期待をしてはいけない時代」

なんてことを井戸端会議の中で聞くにつけ、それに比べて、よくしゃべる我が家の子どもたちは「これでいいのかもしれない」と、夫と顔を見合わせながらニンマリするのである。

## 時には嵐も起きる

こんなふうに書いていると、何の悩みもなくて、まったくの成功者のように思わ

れるかもしれないが、人生そんなに簡単なものではない。毎日の天気だって変わるように、いつも順調な晴天の日ばかりではない。一年のうちには、雨の日も、雪の日も、ときには台風が来て海面が波風立つような一日を過ごすこともある。それに一日のうちだって、晴れのち曇り、そして大雨というような突然の変化にびっくりすることだってある。

家族についても、トラブル皆無の静寂な日々を過ごせるようになったわけではないけれど、自己改革をする前の騒々しさに比べたら、比べようもないほどトラブルは少なくなっているし、それに、もし問題が発生しても、その時の対処の仕方は以前と比べものにならないほど上達してきたかもしれない。

三人も子どもがいると、それぞれの子どもにそれぞれの思春期がある。思春期に突入すると、自分でも抑え切れないようなカッカとするらしく、彼らはまるでハリケーンのようにものすごい剣幕で突っかかってくる。そんな時は、当の本人でも自己対処が難しいらしく、いらいらしているのが手に取るように伝わってくる。

一度は泣きたい思いをしたこともある。せっかく、朝早くからがんばって作ったにもかかわらず、お弁当の蓋の仕方が気に入らないと、娘が癇癪を起こしたのだ。きっと虫の居所が悪かったのかもしれない。この態度の横柄さに、あいた口がふさがらないほどあきれ果ててしまい「いい加減にしなさい！」と怒鳴ろうとしたけれど、自分の心を汚すのがわかりきっているから、「私のお昼の弁当にすればいいか」と諦めてしまったことがある。

もし説教しようものなら、反感は百倍になって返ってくるから、どうやっても始末が悪い。十五歳から、十七歳くらいの年齢は、どうにもこうにも反抗期の最前線にいるらしく、手がつけられない時期かもしれない。

上の二人はやっとその状態を卒業し、ようやく仲のいい人間関係ができつつあるが、三番目が今、思春期に突入しはじめ、これをどう頭を使って上手に調理するかが、私の最後にして最大の難関だ。

女の子の思春期は男の子のそれと違って、母親を徹底的に無視する。同じ女としてライバル視するのか、その反抗の仕方も一味違って鋭い。だから、子どもとの人間関係をどううまくつくっていくかは、この思春期の接し方で決まるといえるかもしれない。

今、一人前の母親の顔をしている私だって、思春期の頃には、自分の母親と壮絶なバトルを繰り広げ、親を嘆かせた覚えがある。だから今の彼女の、母親に対する険悪な態度に、自分の昔の姿を見る思いがして、自分をコントロールできない思春期の気持ちもわかってあげなければ、と思う。

どの子の時もそうだったが、もし彼らとマイナスの波長が偶然合ってしまい、一触即発の状況に陥ってしまったらどうすればいいのか。私は、まず息を吸って、ゆっくり吐くという深呼吸をしながら、心の中で一から十までゆっくりと数を数えることにしている。そして呼吸に意識を集中させると、相手の気持ちが客観的に見えはじめ、彼らの心の状態も理解できてくるから不思議だ。自分自身もリラックスしてくるのか、「同じレベルで戦っても勝ち目はない、そんなことをしたら、もっとレベルの低い戦いになりせっかくの一日が台無しになるから損。だったら、賢い手口で対応したほうが無難にすみそうだし、そんなに急がなくてもじっくりと時間をかけて親子関係を築いていった方が得」と、気楽に考えるようにしている。

何回か同じ経験を積んでくると、直感で彼らとの波動が合わない時がわかる。だから、うまく逃げるコツもつかむことができるようにもなってきたし、この時期は触らぬ神にたたりなしで、そっと思春期が過ぎ去るのを待つようにしている。

また、ほかのトラブルが発生した時も、あわてないで一から十まで数え、ゆっくりと深呼吸しながら、嵐が過ぎ去るのを待つことにしている。すると、トラブルの渦の中に巻き込まれずにすむし、心を汚すこともないし、無駄なエネルギーを消耗しなくてもいいから、私には最適な方法だと思い活用している。

## 念ずれば花開く

我が家のトイレの壁には、墨で「念ずれば、花開く」と書かれた板が掛けられている。

いつの頃からか忘れてしまったが、私の心に何らかの方法で活を入れなければ、これから先、我が家の未来はどうなってしまうんだろう……という危機感をもっていた頃のことだと思う。多分その頃、私の心は不安定な状態が続いていて、頭の先からつま先まで全身不安で包まれていたから、衝動的にこの壁掛けを買い求めてしまったのかもしれない。

その当時は、子育てに関する情報に敏感だったから、いろいろなものに手を出した。しかしどれも長くは続かず、その持続力のなさといったら、自分でも驚くほどだった。自分の腹が座っていないため、考え方もふらふらしていて、まるでロープが切れた気球が空をさまようよう。あっちへコロコロ、こっちへコロコロ変わっていく自分を、「心はころころ動くからココロと言うんだよ」なんて、屁理屈をつけては、自分を甘やかしていた。

けれども人生はそんなに甘くはなかった。三人の子育てと仕事、それに嫁という立場の狭間に立っていたから、自分の能力を超えた仕事量をこなさなければならない。また、舅の手前もあり、長男の嫁という立場からしても、三人の子どもを何とか優秀にして、嫁ぎ先の面子も守らねばならない。嫁という、居場所の定まらない不安定な立場を「一体、私は何なの？」と考えるだけで、心身ともにストレスだらけになる。不満をぶちまけたところで、私の心の傷は深くなっていく一方だったようだ。

母親の不安な気持ちがダイレクトに伝わるのか、子どもたちは何に対しても意欲がなく、どの子の成績を見てもかんばしくない。

こんな状態を改善する方法など一つも知らないし、自分の立場は変えられない……まるで、真っ黒な雲がとぐろを巻いてどんどん増えていくかのように、心は暗くなっていく。

自分が、家族が、音を立てて崩れ落ちていく姿が目に浮かぶのに、それを止める方法がわからないとは、なんと情けないことだろう。そのうちに数々のストレスが体を蝕みはじめ、ついにダウン。そして若妻失脚。家庭の底に溜まっていたいろいろなトラブルが堰をきったように一気に起こりはじめたのである。

しかし、失ったものも大きかったけれど、拾い上げたものもそれ以上に大きかったような気がする。

私も捨てたものじゃなくて、土壇場になると、意地も出るし、根性が座る。昔の女は絶対に弱音を吐かなかったではないか。だから、この私にだってできないことはないはずだと、「私の人生どんどんよくなる」と心に念じて自己改革を続けてきた。

実際には、試行錯誤をしている時間が長かったから、「もう私には無理な話」と自己改革を諦めたことだってあるし、一時休止とばかりにやめたこともある。「どうにでもなれ」と開き直ったことだって山ほどある。

けれど自然は正直で、蒔き続けた種は可愛い芽を出し、そして成長し、結果という名の見事な花を咲かせた。

つまずいて意気消沈すると、「念ずれば、花開く」の板を眺めて奮起を促したこともあった。時にはあまりの落ち込みのひどさに、これは違っているとばかりに、裏返しにして、見ないようにもしたことさえある。けれども、現状はどこかで打破せねば、という思いがあったから、何とか自分をだましながらも見続けたのかもしれない。

毎日見るという習慣の効用は不思議なもので、否が応でも潜在意識に確実に打ち込まれていったのか、「念ずれば、花開く」の示すものがやがて自分のものになっていった。

トイレの壁に掲げてある「念ずれば、花開く」のように、潜在意識の中に繰り返し、繰り返し、自分の願望を植えつけていった成果が見えはじめてから、随分と時間も過ぎた。そして今私は、悩みぬいて円形脱毛症になったころの、神経過敏な私と別れることができて、どんな困難な問題がやってこようとも「ドンマイ、ドンマイ」と言い切れる肝っ玉母さんに成長した。今ではすっかり「プラスに考える」という思考が身についてしまったのか、今の私はおちこんでもすぐに立ち直れると思えるような気がしている。

もしかしたら、この穏やかな時間はつかの間のことかもしれないが、ノホホンとした精神休養の日々を送っている。しばしの休憩の後で、次の目的に向かって再び立ち上がるかもしれないし、違った問題が浮上して、なんとかそれを解決しようと動きはじめるかもしれないけれど……。

今になって思うのだが、なんにもトラブルのない人生なんて、つまらないかもしれない。いろいろあるから勉強もするし、それによって面白い人生が送れるのだ、そう思えるようにもなってきた。だから「これで終わり」「これでよい」と決めつけないで、自分の成長を求めて、次の願望を探していこうと思っている。

努力の甲斐もあって一旦お気楽思考を身につけてからというもの、今では、なにか悩んでも一晩寝たら忘れてしまうし、いつでも肯定的に考えるというプラス思考のいい性格になってきた。

ただし、人間は『ジキル博士とハイド氏』のように、二つの人格をもっているわけだから、常にお気楽人間でいられるように努力しなければ、元の木阿弥。簡単に以前の自分に戻ってしまうと思うので、油断は禁物である。

自己主張ばかりしたり、自分勝手なことをやって安易な道に走ることは簡単なこと。だけど、潜在意識はこれまでの私の人生すべてを完璧に覚えているから、もし、以前の姿に戻ったら、本来の横柄な自分が飛びだしてくるに違いない。

けど、もうごめんだ。

これまでに、痛い目や辛い目には十分遭ってきたから、もう一度勉強し直すなんて、真っ平ごめんである。

これから先も人間らしく、少しでも利口な生き方をしていこう。

力を抜いて、深呼吸して、自分を信じて、笑顔でいこう。

そうすればきっと、すばらしい未来が待っているはずだから。

# あとがき

　約十五年前の子育て最前線で疲れきっていた頃、私は「なぜ私ばかりがこんなに苦労するのだろう」と、あらゆることに不満だらけで、愚痴をこぼし、ため息をつく毎日を過ごしていた。「隣の芝生は青く見える」の言葉どおり、隣近所の同世代の母親たちの子育てがうまくいっているように見えて、羨ましくてたまらなかった。

　連日、三人の子どもの世話と仕事に追われていると、新聞を読む時間もままならず、今日のニュースさえ知らないということもあった。何だか私一人が世の中の流れからどんどん取り残されていくようで、「こんなことでいいのだろうか？」と、いつも悩んで落ち込んで、いらいらした感情を心の中いっぱいに抱えていたと思う。

　そんな否定的な母親の思考が子どもたちに伝わるのか、ある時から、いじめ、不登校の兆しなど、頭を抱えてしまうような問題が続発しはじめたのである。次々と襲ってくる問題を眼前にしても、私はまだ自分に非があると認めることができず、ストレスが増すばかり。挙げ句のはてには、自分自身が病魔に侵されてしまった。どん底に突き落とされ、もがいていたある日、ふっと「もしかして私が原因？」と気づいた。そこが私の出発点だったようだ。

試行錯誤しながら自分をプラス思考に変えていった結果、今では自分のみならず、夫も三人の子どもも、あらゆる面で順調で、平穏な生活を送っている。あの時、プラス思考で生きていくことの大切さを学んだことが、私の運と家族の運を、よいほうに変えていったのだと実感している。

そして自分を鍛えるためのいい勉強をさせてもらえたと、今、感謝の気持ちでいっぱいである。

この本を書くにあたって、なかなか時間がとれず思うように進行しないことに落ち込んでいた時、夫（由也）が「人生はロングラン、あせることないよ。ゆっくりやれば……」という言葉をかけてくれた。長女（かおり）は「ご飯は作るからパソコンの前に座れば？」と文句も言わず食事の用意を受け持ってくれた。長男（卓也）

は電話で「お母さんのことだから、いい作品が書けるよ。楽しみにしているね」と激励の言葉をかけてくれ、次女（文香）からは「お母さん頑張ってるね、えらい、えらい」とお褒めの言葉（？）をいただいた。そんな温かな言葉をかけてもらうたび「私の家族って、捨てたもんじゃないな。家族に感謝しなければ」と、改めて思ったものである。本当にありがとう。

この本が、かつての私のように子育てに悩んでいるお母様方の一助になれば、この上なくうれしく思います。

著　者

## 著者プロフィール
### 百瀬 育美（ももせ いくみ）

1949年　長野県生まれ
大妻女子大学卒業
自身の子育ての経験や、教育に携わった45年以上の経験から学び、独自の学習法を夫と共に確立する。アカデミアキッズ百瀬幼児教育教室を開講。現在約1200人の生徒を指導し、のべ５万人の生徒を送り出す。
親の勉強会「親の感情をコントロールする方法」などや、子供の自己肯定感を高めるワークの講演会などを行っている。
また親が抱える色々な悩みの相談を受けている。
著書に『おかあさんのポジティブ育児法』主婦と生活社
　　　『心が強く稼げる子になる方法』文芸社　がある

本書籍は2002年に文芸社より発売された『子育てに失敗するお母さん 成功するお母さん』を改題、増補・改訂したものです。


## 子育てに成功するお母さん 失敗するお母さん

2018年10月15日　初版第１刷発行

著　者　百瀬 育美
発行者　瓜谷 綱延
発行所　株式会社文芸社
　　　　〒160-0022 東京都新宿区新宿1－10－1
　　　　電話 03-5369-3060（代表）
　　　　　　 03-5369-2299（販売）

印刷所　株式会社フクイン




ISBN978-4-286-19896-5